38年、食の現場を見つめて

家庭食 いのち輝く 応援レシピ

外山 迪子

目　次

Contents

「おいしいを伝えたくて」外山迪子 … 6

いのち輝くおいしさはココから
〈だし水〉について …4

主　菜

Shusai …………………………… 7

煮込みハンバーグ 〜パッククッキング〜 … 8
車麸の海老しんじょはさみ揚げ … 10
サンマの変わりパン粉包み焼き … 12
酢豚 … 14
カレイの煮つけ … 15
大豆のコロッケ … 16
しゃきしゃきつくねのあんかけ … 17
鶏肉とカシューナッツの炒め物 … 18
焼き魚の野菜ぽん酢 … 20
海老団子のパン揚げ … 21
車麸のフライ … 22
鯵のねぎソース … 23
鮭のから揚げおろしぽん酢
　　　　　／鰯のソテーレモンバターソース … 24

副　菜

Fukusai ……………………………… 25

祭りの煮物 … 26
かんたん白和え … 28
ミモザサラダ … 30
高野豆腐とヒスイなすの煮物 … 31
いり豆腐 … 32
筑前煮 … 33
ほうれん草とぜんまいの和え物
　　　　　　　　　／冬菜のサラダ … 34
五目豆／高野豆腐の卵とじ … 36
のっぺ／ブロッコリーと大根のごま酢 … 37
冬野菜のホットサラダ／ひじきの五目煮 … 38
べた煮／車麸の八方煮 〜パッククッキング〜 … 39

副々菜

Fukufukusai …………………………… 43

おくらとみょうがの柚子こしょう和え … 44
柚子大根 … 46
きゅうりとこんにゃくの梅肉和え … 47
わかめとピーマンの炒め物
　　　　／切り干し大根の即席はりはり漬け … 48
にらとみょうがのおろし酢和え
　　　　　　／ゴーヤと玉ねぎの甘酢漬け … 50
大根のごま揚げ
　　　　　／キャベツとじゃこのおひたし … 51

主食＋ご飯のお供

Shushoku＋Gohan no otomo ……55

洋風ちらしずし … 56
納豆丼 … 58
鰯のかば焼き丼 … 59
ガーリック・バターライス … 60
黒豆ご飯 … 61

ご飯のお供3品
きゅうりの佃煮 … 62
かつお節の佃煮／青菜のふりかけ … 63

💡 **本書をたくさん活用していただくために**

常備しておきたい材料や調味料	調味料	油	粉	だし水（P4）の材料
	●塩 ●こしょう ●しょうゆ　●みりん ●砂糖 ●酒 ●酢	●サラダ油 ●ごま油　●米油	●小麦粉 ●片栗粉　●パン粉	●だし昆布 ●煮干し

汁　物

Shirumono ···································· 67

カキのお吸い物 … 68
きのこのミネストローネ … 70
白玉のみぞれ汁 … 71
とろりけんちん汁 … 72
酸辣湯(サンラータン) … 73
干しきのこのみそ汁 … 74
沢煮椀／かす汁 … 75
さつま汁／かんたんきのこのお吸い物 … 76

私の取り組み　Torikumi

料理教室〈MSG〉 … 40
三条市食生活改善推進委員協議会〈ヘルスメイト〉 … 52
地域の取り組み〈わかくさ会／お結びキッチン〉 … 64

毎日の家庭食に役立つおすすめ献立表

Menu List ···································· 87

肉がメインの献立 … 88
魚がメインの献立 … 89
乾物や豆製品がメインの献立 … 90
ちょっと特別な日の献立 … 91

デザート

Dessert ···································· 77

いちご白玉 … 78
かんたんわらび餅 … 80
フルーツきんとん … 82
ヨーグルトのフロマージュブラン … 83
キャラメルミルクかん … 84
ドリンクゼリー／かぼちゃ餅 … 85
おから団子／とろりんホットみかん … 86

コラム　Column

主菜のはなし … 19
副菜のはなし … 35
副々菜のはなし … 49

五十音順さくいん … 92
食材別さくいん … 93

おわりに … 94

扉絵の紹介 … 95

｜本書の使い方

Point
中身の材料は
全部そろわなくても
大丈夫。

Point：
外山さんからの
ワンポイントアドバイス

Voice
「ママ、もっと揚げて〜！」
子どもたちが
大合唱。

Voice：
料理教室の生徒さんの声

材料について
● 基本4人分で紹介しています。
　2人分の場合は半分の分量で作りましょう。
● 食材の分量はおおよその目安です。
● 調味料の分量はしっかり守りましょう。
●「だし水」はP4で紹介している、
　外山さん流のだし汁です。
● 小麦粉＝薄力粉です。
● 揚げ油、炒め油の「油」はサラダ油や米油です。

作り方について
● 強めの塩(青菜などをゆでるとき)：
　水1ℓに対して大さじ1程度
● 塩ひとつまみ：親指と人さし指、中指の3本の
　指先でつまんだ量。小さじ1/5程度
● 塩少々：親指と人さし指の2本の指先で
　つまんだ量。小さじ1/8程度

表紙(カバー)写真について

35年、食の現場を見つめて
家庭食
いのち輝く
応援レシピ
外山　迪子

本書では読者の作りやすさを優先し、
スーパーなどで手軽に買える食材を使用
しています。魚は切り身の形によって、食
べやすい向きに盛り付けしています。ご
了承ください。

いのち輝くおいしさは コゴから 〈だし水〉について

「私が行きついた だし。教室の生徒さんが〈だし水〉と名付けてくれました」（外山迪子）

大切なおはなし

体の発達や代謝の機能を適切に維持するためには
ビタミン・ミネラル・鉄・亜鉛・銅などの微量栄養素が必要です。
この微量栄養素は体内でつくることができないため、
摂取不足になると健康状態を保つことができなくなります。
体調や "心の不調" に関係する、とっても大切なものなのです。
〈だし水〉には、その微量栄養素がほぼ含まれています。

和食は「だし」がポイント。
私が行きついた〈だし水〉は、いたって簡単！

01	02	03	04
容器に水を入れ	煮干しと	昆布を入れ	冷蔵庫に放っておくだけ

〈だし水〉を使ったレシピや、新鮮な肉、魚、野菜を使った家庭料理は、自然と心身の調子をととのえ、
それが「**いのち輝く未来**」へとつながっていくのです。

〈だし水〉のポイント

〈だし水〉の作り方

材 料
水…5カップ（1ℓ）
煮干し…20〜30g
だし昆布…8〜10g

作り方
容器に材料を全部入れ、冷蔵庫で1〜2日ほど置く。
3〜4日で使い切るのが理想。使い切れない場合は煮干し、だし昆布を取り出し沸騰させ、冷めたら容器に入れて保存する。

おすすめの計量スプーンは、三条市の小林樹脂工業の「ポッタン計量スプーン」。自立式だから置いたまま片手で計れます。パステルカラーの見た目もキュート。
小林樹脂工業
TEL 0256-38-2146　HP k-jushi.co.jp

〈だし水〉の使い方

容器から必要分量を取り出し、汁物や煮物に
利用。どの料理でも、きちんと「計る」こと
がおいしさのポイント。使いやすい計量カッ
プや計量スプーンを常備して。

だしを取った後の昆布と煮干しは──

昆布は刻んで冷凍しておくと、さまざまな料理に
活用できます。煮干しも冷凍しておき、唐揚げに
してもおいしいですよ。

おいしいを伝えたくて

毎日食べている食事。皆さんの食卓はどんな風景でしょうか。

食べることは命をつなぐというのはもちろんですが、食べる人たちがほっとする、

1日の中で一番楽しい時間であって欲しいと願っております。

食事作りはたいへん！と思いながら作って出来上がった食事と、作る人が楽しんで、

おいしそうに食べる人の顔を思い浮かべながら作る食事には大きな違いがあります。

この本では、身近な食材で作ることができる、おいしいレシピをそろえました。

少しのルールを守ることによって、とても簡単で時間短縮にもつながります。

皆さまの食卓が豊かになりますように。

外山迪子

主　菜

肉や魚介類、大豆製品などが主材料となる、メインのおかず。
その日の献立の〈顔〉ともいえる料理です。肉や魚介類とともに、
新潟ならではの食材・車麩を使った料理も紹介します。

守門川より粟ヶ岳を望む(三条市)

まるでホテルの味！

煮込みハンバーグ 〜パッククッキング〜

Voice

生徒全員大絶賛！
洗い物ほぼなし。

材料（1人分）

玉ねぎ…1/5個（40g）

A
　ひき肉…60g
　卵…1/4個
　パン粉…大さじ1
　塩・こしょう…少々

B　デミグラスソース…大さじ1
　　（または中濃ソースとトマトケチャップ…各大さじ1/2）

【付け合わせ】

ほうれん草…適量

炒め油…適量

塩・こしょう…適量

ミニトマト…2個

作り方

1. 玉ねぎはみじん切りする。

2. ポリ袋に1とAを入れて袋の上からよく混ぜ（写真a）、ハンバーグの形に整える。

3. ポリ袋を開け、2にBをのせる。加熱するうちになじむので、混ぜなくてもよい。ポリ袋の空気を抜いて上の方でしっかり口をしばり、湯に入れて15〜20分加熱する（写真b）。

4. ほうれん草は食べやすい長さにカットして、フライパンに油を熱して炒め、塩とこしょうで味をととのえる。

5. ポリ袋をはさみで切って皿に盛り（写真c）、付け合わせを添える。

日常の車麩がワンランクアップ！

車麩の海老しんじょはさみ揚げ

Voice

「ママ、もっと揚げて〜！」
子どもたちが
大合唱。

材料(4人分)

車麩…2枚
　｜しょうゆ・酒…各小さじ2
海老…100g
卵…1/4個
塩…少々
片栗粉…大さじ2
揚げ油…適量

【付け合わせ】
ピーマン(細切り)…2個分
かぼちゃ…8切れ(80g)
【あん】
だし水…3/4カップ(150cc)
調味料
　｜酒・みりん…各小さじ2
　｜しょうゆ…大さじ1
　｜砂糖…小さじ1
片栗粉・水…各小さじ2

作り方

1. 車麩は鍋に入れひたひたの水を加え、しょうゆと酒を入れて火にかけ、柔らかくなるまで戻す。
2. 1を4分の1に切り、それぞれ厚さ半分のところまで切り込みを入れる(写真a)。
3. 海老は皮をむき、背ワタを取り除きボウルに入れ、片栗粉(分量外)と水を加えて手でもみ、水でよく洗い流す。
4. まな板に3をのせ包丁でたたくように、粘りが出るまで細かくする。
5. 4をすり鉢(ボウルでもよい)に入れ、塩と卵を加え、片栗粉を入れてめん棒などでよく混ぜる(写真b)。
6. 5を8等分にして2に挟み(写真c)、片栗粉(分量外)をまぶし中温(約170℃)の油で揚げる。ピーマンとかぼちゃを素揚げする。
7. あんを作る。だし水に調味料を入れ、沸騰したら火を弱め、水溶き片栗粉を加えて火を通す。
8. 6を器に盛り、付け合わせを添えて7をかける。

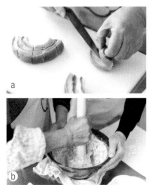

レストランの味をわが家で

サンマの変わりパン粉包み焼き

Point
中身の材料は
全部そろわなくても
大丈夫。

材料(4人分)

サンマ…4尾
　｜塩・こしょう…少々
詰め物…適量
グラニュー糖・オリーブオイル…適量
ソース
　｜トマトケチャップ…大さじ3
　｜レモン汁…大さじ2
　｜オリーブオイル…大さじ2
【付け合わせ】
じゃがいも…1個(50g)
ほうれん草…1束(200g)
炒め油…適量

【詰め物】
A
　｜パン粉…1/2カップ
　｜ローリエ…1枚
　｜アンチョビ…1枚
　｜にんにく…小1かけ
　｜くるみ・レーズン・パセリ…各大さじ2
　｜白ワイン…大さじ1
　｜オリーブオイル…大さじ2〜3
B
　｜玉ねぎ…1/4個(50g)
　｜オリーブオイル・レモン汁…各大さじ2

作り方

1. 詰め物Aを作る。にんにく、アンチョビ、くるみ、パセリはみじん切りにする。レーズンは白ワインで戻して柔らかくしておき、粗く刻む。フライパンにオリーブオイル、にんにく、ローリエを入れ弱火で炒める。よい香りがしてきたら、パン粉、アンチョビ、レーズン、くるみを加えてカリカリになるまで炒め、パセリを加えて火を止めて、ローリエの葉を取り出す。

2. 詰め物Bを作る。玉ねぎはみじん切りにし、オリーブオイルでしんなりするまで炒め、レモン汁を加えて混ぜ合わせる。

3. AとBを合わせる。まとまらない場合はオリーブオイル（分量外）を少し加える。

4. サンマは頭を切り、内臓を除いて洗い、キッチンペーパーで水分をふき取って三枚おろしにする。表面に塩・こしょうをする。

5. サンマに3の詰め物を1/8のせ（写真a）、端から巻いて（写真b）、楊枝でとめる（写真c）。皮面にグラニュー糖とオリーブオイルを回しかける。

6. フライパンに油を熱し、皮面を焼いてから、詰め物の両側を焼く。

7. ソースの材料を混ぜ合わせて器にしき、6をのせる。ゆでたじゃがいもと炒めたほうれん草を添える。

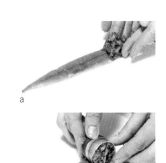

a

b

c

本格中華料理を家庭で気軽に

酢豚

Point
甘酢あんを先に
作っておけば、炒めて
合わせるだけ。

材料(4人分)

豚もも肉…250g

A
| しょうが汁…小さじ2
| しょうゆ…大さじ1
| 片栗粉…大さじ1強

揚げ油…適量

にんじん…1/2本(100g)

玉ねぎ…1個(200g)

ピーマン…小2個

たけのこ…80g

きくらげ(乾)…2g

干ししいたけ…4枚

炒め油…適量

【甘酢あん】
| しょうゆ…大さじ3½
| 酒・砂糖・酢…各大さじ3
| 水…1¼カップ(250cc)
| こしょう・塩…少々
| 片栗粉…大さじ2

ごま油…小さじ2

作り方

1. 豚肉はAを絡め15分ほどおき、下味をつける。

2. にんじん、玉ねぎ、ピーマン、たけのこは一口大に切る。きくらげは水で戻し、大きいものは半分に切る。干ししいたけも水で戻して軸を取り一口大に切る。

3. 甘酢あんの材料を合わせておく。

4. 鍋に5カップ(1ℓ)の水を入れて沸騰させ、塩小さじ2、油大さじ1を入れてにんじんを入れ、強火にかける。玉ねぎを加え、煮立ったらピーマンを加えて混ぜ、ザルに上げて湯を切る。

5. 1の汁気をふいて片栗粉(分量外)をまぶし、中温(約170℃)で4〜5分かけてこんがり揚げる。

6. 中華鍋に油を熱し、きくらげと干ししいたけをサッと炒め、3の甘酢あんと5の肉を入れてひと煮立ちさせる。

7. 煮立ってきたら4の野菜を加えて味をなじませ、仕上げにごま油を回しかける。

調味料を鍋に入れ、あとは煮るだけ

カレイの煮つけ

Voice

レシピ通りに計量
すれば、煮つけは
怖いものなし！

材料(4人分)

カレイ…4切れ
ごぼう…1本(180g)
水…3/4カップ(150cc)
酒…1/2カップ(100cc)
調味料
| しょうゆ…大さじ3～4
| みりん…大さじ3～4
| 砂糖…大さじ2～3
しょうが…少々(10g)
きぬさや…12枚

作り方

1. カレイは皮目に切り込みを入れる。

2. 鍋に湯を沸かしサッと1をくぐらせ、水気を切る。

3. ごぼうはたわしできれいに洗い3㎝長さに切る。太いものは縦半分に切る。きぬさやは別鍋でサッとゆでる。しょうがはせん切りにする。

4. 大きめの鍋に水と酒を入れて沸騰させ、カレイが重ならないように入れる。ごぼうも加え沸騰させる。

5. 調味料を入れ落とし蓋をして強火で煮る。

6. 煮汁が約3分の1になったら落とし蓋を取って、煮汁をかけながら1～2分煮詰める。

7. 器にカレイを盛り、ごぼうときぬさやを添えて煮汁をかけ、しょうがのせん切りをのせる。

大豆とほうれん草の組み合わせに注目！

大豆のコロッケ

材料(4人分)

じゃがいも…4個(200g)
玉ねぎ…1/2個(100g)
ほうれん草…1/2束(100g)
大豆(ドライパック)…200g
塩・こしょう…少々
小麦粉・溶き卵・パン粉…適量
揚げ油…適量

水ケチャップだれ
　トマトケチャップ・水
　　…各大さじ3
　塩…適量
【付け合わせ】
アスパラ…4本
レモン…1/2個

作り方

1. じゃがいもは大きめに切り、鍋にじゃがいもがかぶるくらいの水とともに入れ、沸騰したら塩少々を加える。ゆで上がったらボウルに移し熱いうちにつぶす。

2. 玉ねぎはみじん切りにして炒める。ほうれん草はゆでて、水気をしぼり1cm長さに切る。

3. 大豆はおたまで半つぶしにする。

4. 1に2と3を加えて混ぜ合わせ、塩・こしょうで味をととのえる。

5. 4を8等分に丸め、に丸め、小麦粉、溶き卵、パン粉をつけ、中温(約170℃)で揚げる。

6. 水ケチャップだれの材料を混ぜ合わせて器にしき、コロッケを盛り、下ゆでしたアスパラとくし形に切ったレモンを添える。

えのきだけをたっぷり使って栄養満点

しゃきしゃきつくねのあんかけ

Voice

見た目にだまされ、
野菜嫌いの息子が
たくさん食べます。

材料(4人分)

つくね
| 鶏ひき肉…300g
| 木綿豆腐…1/3丁(100g)
| えのきだけ…小2袋(200g)
| 長ねぎ…1本(100g)
| 卵…1個
| しょうが(みじん切り)
|　　　　…小さじ1
| 塩・こしょう…少々
炒め油…適量

【あん】
えのきだけ…小1袋(100g)
しょうが…小1かけ(20g)
調味料
| しょうゆ…大さじ1
| みりん…小さじ2
| 酒…小さじ2
だし水…1カップ(200cc)
片栗粉・水…各小さじ2
きぬさや…8枚

作り方

1. 豆腐はザルに上げ水気を切る。つくねの材料のえのきだけは根元を切り落とし、約1cmに切る。長ねぎはみじん切りにする。

2. ボウルにつくねの材料を入れ、ねばりが出るまでよく混ぜ合わせ、一口大の小判形にする。

3. フライパンに油を熱し、2を並べて両面を焼く。

4. あんの材料のえのきだけは根元を切り落とし、3等分に切る。しょうがはせん切りにする。

5. 鍋にだし水を煮立て4のえのきだけを入れる。あんの調味料としょうがを加え、水溶き片栗粉でとろみをつける。

6. 器に3を盛り、5のあんをかける。ゆでて細切りにしたきぬさやを散らす。

ご飯がすすみ、お酒のおつまみにも最高！

鶏肉とカシューナッツの炒め物

Point
材料を
「1.5cmに切る」を
守ることが重要。

材料(4人分)

鶏もも肉…200g
塩・こしょう…少々
酒・片栗粉…各大さじ1
カシューナッツ…100g
ピーマン…2個
たけのこ…80g
赤パプリカ…1/2個(100g)
長ねぎ…1/2本(50g)
炒め油…適量

調味料

酒…大さじ1
しょうゆ・
オイスターソース
…各小さじ2
砂糖…小さじ1弱
水…大さじ3
鶏がらスープ
…小さじ2
ごま油…適量

作り方

1. 鶏肉は1.5cm角に切り、塩・こしょう・酒をもみ込み、片栗粉を加えて混ぜ合わせる。

2. ピーマン、パプリカ、たけのこは1.5cmの角切りにする。長ねぎはぶつ切りにする。

3. 調味料は合わせておく。

4. カシューナッツはフライパンでから煎りし、取り出す。

5. フライパンに油を熱し、鶏肉に火を通す。2の材料を加えてさらに火を通す。

6. 調味料を入れ、カシューナッツも加えて全体を炒め合わせる。

7. 火を止める直前にごま油を加える。

主菜のはなし

　肉や魚介類、大豆製品、卵などのタンパク質を多く含む食材を使った、献立のメインとなるおかずが「主菜」です。タンパク質は筋肉や血液などをつくる、体を構成する栄養素。

　魚介類の宝庫・新潟県の四季折々の魚介を使った主菜は、栄養面からはもちろんのこと、日々の食事で四季を堪能する楽しさがあります。「越後もち豚」「越の鶏」など、肉もご当地ブランドを味わうのもおすすめです。

　さらに新潟県には車麩や岩船麩など、乾物である麩の食文化も根付いています。スーパーで気軽に手に入る麩も、主菜に取り入れましょう。

肉

鶏肉

豚肉

魚介

サンマ

カレイ

鮭

鰺

鰯

海老

本誌で紹介している
主菜の主な食材

大豆

大豆製品

車麩

麩

フライパンだけで簡単に調理できます

焼き魚の野菜ぽん酢

Voice

時間がないときは、
とにかくコレです。

材料(4人分)

生鮭…4切れ
　塩…少々
　小麦粉…適量
にんじん…1/4本(50g)
白菜…1枚(100g)
えのきだけ…小1袋(100g)
酒…大さじ2
三つ葉…1/2束(45g)
炒め油…適量

ぽん酢しょうゆ
しょうゆ・酢…各大さじ2
だし水…大さじ1
みりん…小さじ2

作り方

1. 鮭は塩をふってしばらくおき、出てきた水分をふき取り、小麦粉をふる。

2. にんじんはせん切り、白菜は縦半分に切ってから細切りにする。えのきだけは根元を切り落とし、半分に切る。

3. フライパンに油を熱し、1の鮭を身の方から焼く。

4. 裏返してしばらく焼いてから2の野菜をのせ、酒をふり入れて蓋をして3〜4分蒸し焼きにする。

5. ぽん酢の材料を合わせる。

6. 4を器に盛り、小さく切った三つ葉を散らし、ぽん酢しょうゆをかける。

少しの手間でプロの味に!!

海老団子のパン揚げ

材料(4人分)

海老…250g
はんぺん…1枚
れんこん…100g
卵白…1個分
片栗粉…大さじ2½
塩…小さじ1/3
サンドイッチ用食パン…10枚
揚げ油…適量
【付け合わせ】
おくら…8本

トマトケチャップ…適宜
こしょう塩
| 塩…小さじ1/2
| こしょう…小さじ1/4

作り方

1. 海老は皮をむいたらボウルに入れ、片栗粉(分量外)と水を入れてよくもみ洗いしたら、もう一度水洗いしてしっかり水気を切る。

2. フードプロセッサーに1の海老とはんぺんを入れ、塩と卵白を加えて全体をよく混ぜ合わせる。

3. れんこんはみじん切りし、2に加え混ぜ合わせたら12等分に丸める。

4. 食パンは5mmほどの角切りにし、3にまぶして中温(約170℃)の油で揚げる。

5. 器に盛り、下ゆでしたオクラを添え、好みでケチャップまたはこしょうと塩を混ぜたこしょう塩でいただく。

水で戻さずに使う麩がメイン料理に！

車麩のフライ

材料(4人分)

車麩…4枚
漬け汁
| だし水…1½カップ(300cc)
| しょうゆ…大さじ1
| しょうが(すりおろし)
| …小さじ1
小麦粉・パン粉・揚げ油
 …適量

【付け合わせ】
ミニトマト…8個
ブロッコリー…1/3個
 (80g)
カレー塩
| カレー粉・塩
| …各小さじ2

作り方

1. 鍋に漬け汁の材料を入れて弱火にかけ、乾燥のまま車麩を入れてゆっくり戻し、半分に切る。

2. 小麦粉と水を混ぜ(天ぷらの衣くらいのかたさ)、1の車麩の汁気を切ってくぐらせる。パン粉をつけて中温(約170℃)の油で揚げる。

3. 鍋に湯を沸かし、強めの塩(水1ℓに約3g)でブロッコリーをゆでる。カレー粉と塩を混ぜてカレー塩を作る。

4. 皿に2とブロッコリー、ミニトマトを盛り、カレー塩を添える。

旬の味を感じる一品です

鯵のねぎソース

材料（4人分）

鯵…4尾
小麦粉…適量
ねぎソース
| 長ねぎ…1/2本（50g）
| 酢…大さじ2
| しょうゆ…大さじ2
| みりん…大さじ1
炒め油…適量
【付け合わせ】
おくら…8本
なす…2本

作り方

1. 鯵は頭を切り、内臓を除いて洗い、キッチンペーパーで水分をふき取って三枚おろしにする。焼く直前に小麦粉をまぶす。

2. おくらのヘタを取る。なすはヘタを切り、縦4つに切る。

3. ねぎソースを作る。ボウルに酢を入れ、みじん切りした長ねぎを加える。よく混ぜ合わせたらしょうゆとみりんを加え、全体をなじませる。

4. フライパンに油を熱し、1の鯵の両面をこんがり焼き、器に盛る。

5. フライパンの油をふき取り、再び油を入れておくらとなすを焼く。

6. 4にねぎソースをかけ、5を添える。

鮭のから揚げ
おろしぽん酢

材料(4人分)

生鮭…4切れ
| 塩…少々
| 酒・小麦粉…適量
揚げ油…適量
大根…1/4本(300g)
小ねぎ…適量

ぽん酢しょうゆ
| しょうゆ・酒…各大さじ3
| 酢…大さじ1

作り方

1. 鮭は2〜3つに切り、塩と酒をふりかける。

2. 大根をおろす。

3. 鮭から出た水分をキッチンペーパーでふき取り、小麦粉をまぶし、中温(約170℃)の油で揚げる。

4. ぽん酢の材料を合わせる。

5. 3を皿に盛り、大根おろしをのせて4のぽん酢をかけ、小口切りした小ねぎを散らす。

Voice

時間がないけど
手作りしたいときに
ぴったりです。

絶品ソースで洋風に

鰯のソテー
レモンバターソース

材料(4人分)

鰯…4尾
| 塩…少々
| 小麦粉…適量
| オリーブオイル…適量

トマト…1個
玉ねぎ…1個(200g)
こしょう…適量
白ワイン…大さじ2
レモン汁…大さじ1
バター…10g

作り方

1. 鰯は頭を切り、内臓を除いて洗い、キッチンペーパーで水分をふき取る。

2. 鰯に塩少々をふり、出てきた水分を再びしっかりふき取る。

3. トマト、玉ねぎは1cm角に切る。

4. 鰯に小麦粉をふり、フライパンにオリーブオイルを入れて両面をこんがり焼く。玉ねぎとトマトを加えサッと炒め、こしょうをふり、白ワインを回しかけ、蓋をして蒸し焼きにする。

5. 鰯に火が通ったらレモン汁とバターを加え、フライパンを回して全体に味をなじませる。先に鰯を皿に盛り、残ったソースをかける。

Voice

レモンバターソースは
他の魚に使っても
美味!

副　菜

ビタミンやミネラル、食物繊維を含む野菜やきのこ、海藻などを使った料理が副菜です。新潟の自然が育む、四季折々の食材のおいしさを生かしたサイドメニューを紹介します。

松代カールベンクス邸（十日町市）

ゆっくり味を含ませながら煮るのがコツ
祭りの煮物

Voice

祭りを象徴する
矢羽根れんこんに
心躍ります。

副菜

材料(4人分)

たけのこ…200g
れんこん…100g
干ししいたけ…4枚
車麩…2枚
こんにゃく…100g
ぜんまい(水煮)…160g
だし水…3カップ(600cc)
調味料
| しょうゆ…大さじ4～5
| 酒・みりん…各大さじ4

作り方

1. 干ししいたけは2カップ(400cc)の水で戻して軸を取り、一口大に切る。戻し汁は煮汁に使う。

2. たけのこは一口大に切る。ぜんまいは食べやすい大きさに切る。

3. こんにゃくは5～8mm厚さに切り、真ん中に切り込みを入れて片端をくぐらせる手綱切りにして、約3分ゆでる。

4. れんこんは2cm厚みの斜め切りにし(写真a)水に取る。

5. 車麩は水で戻して4等分に切る。

6. 鍋にだし水と1の戻し汁100cc、調味料を入れ、ぜんまいを約5分煮て、味がなじんでからほかの材料を入れ、中火にしてゆっくり煮含める。

7. 冷めてから、それぞれの材料を器に盛る。れんこんは縦半分に切り(写真b)、両方の切り口を上にして(写真c)、矢羽根のように盛り付ける。

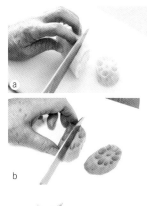

干しぜんまいの戻し方

1. たっぷりの水で一晩浸す。

2. 鍋に多めの水を入れて火にかけ、沸騰する前に火を止めてそのまま冷まし、冷めた水は捨てる。

3. 2を2～3回繰り返す。水を取り替え、食べるまで浸しておく。戻したぜんまいは冷凍保存ができる。食べるときは自然解凍で。

豆腐の代わりに厚揚げを使うのがポイント

かんたん白和え

副菜

Voice

「やさしくておいしいね」
笑顔で孫が
言いました。

材料(4人分)

厚揚げ(四角)…1枚
にんじん…1/4本(50g)
たけのこ…60g
しいたけ…2枚
ほうれん草…1/2束(100g)
白ごま…大さじ3

A
だし水…1/2カップ(100cc)
酒・みりん・しょうゆ…各小さじ2
B
砂糖…小さじ2
しょうゆ…大さじ1½

作り方

1. 厚揚げは熱湯でゆで、ザルに上げて冷まし、表面を切り落とし(写真a) 細く切る。中身はとっておく。

2. にんじんはせん切り、たけのこ、しいたけは細切りし、Aで3〜4分煮て下味をつける。

3. ほうれん草はゆでて3㎝長さに切る。

4. すり鉢にごまを入れてよくすり、1の中身を加えてすり混ぜ(写真b・c)、Bを加えてさらにすり合わせる。

5. 滑らかになったら全ての材料を入れ、全体を和える。

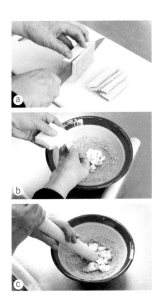

おいしさはもちろん、見た目の美しさも魅力

ミモザサラダ

Point

野菜をしっかり
水切りするのが
おいしさの秘訣。

材料(4人分)

ゆで卵…2個
レタス…2枚(60g)
にんじん…1/5本(40g)
きゅうり…1/2本
ミニトマト…8個
ドレッシング
　サラダ油・酢…各大さじ1
　塩・砂糖…各小さじ1/2
　レモン汁…少々

作り方

1. レタスは手でちぎり、にんじんはせん切り、きゅうり
   は輪切りにする。ミニトマトは4つに切る。

2. ゆで卵は黄身と白身に分け、それぞれザルや茶こしを
   使ってこす。

3. ドレッシングの材料をよく混ぜ合わせておく。

4. 1の材料と2の卵を散らし、ドレッシングをかける。

なすの皮を薄くむくとヒスイ色に

高野豆腐とヒスイなすの煮物

Voice

ミシュランシェフも
絶賛のおいしさ。

材料(4人分)

高野豆腐…2枚

なす…4本

生わかめ…40g

だし水…3カップ(600cc)

調味料

　塩…小さじ1/3

　酒…大さじ3

　みりん・しょうゆ…各大さじ3

みょうが…適量

作り方

1. 高野豆腐は柔らかくなるまで水で戻し、縦半分に切る。

2. なすは皮を薄くむき、水に放す。水につかっていない部分はすぐに黒くなるので注意。熱湯に入れて柔らかくなるまで下ゆでする。ザルに上げて水気を切り、縦半分に切る。

3. わかめはサッと洗って食べやすい長さに切る。

4. 鍋にだし水と調味料を入れ、高野豆腐を入れて沸騰したら弱火で10分ほど煮る。なすとわかめを加えてひと煮立ちさせる。

5. 冷ましながら味をしみ込ませる。

6. 器に盛り、細切りしたみょうがを添える。

一皿で栄養満点のおかず

いり豆腐

材料(4人分)

木綿豆腐…1丁(300g)
きくらげ(乾)…3g
ごぼう…1/3本(60g)
にんじん…1/4本(50g)
こんにゃく…100g
干ししいたけ…2枚
きぬさや…8枚
卵…1個

だし水…1½カップ
　　　　(300cc)
調味料
│ しょうゆ・みりん
│ …各大さじ2
炒め油…適量

作り方

1. 豆腐はキッチンペーパーに包んで耐熱容器に入れ、ラップをかけて電子レンジ500Wで3分ほど加熱し、水切りする。

2. きくらげと干ししいたけは水で戻す。軸を取った干ししいたけときくらげ、こんにゃくはせん切りにする。ごぼうとにんじんは3cm長さに切りせん切りにする。きぬさやは小口切りにする。

3. 鍋に油を熱し、ごぼう、にんじんを炒めてしんなりしたら、きくらげ、しいたけ、こんにゃくも順に加えて炒める。

4. 全体に油が回ったら1をくずしながら加え、だし水と調味料を入れる。さいばしで全体をよく混ぜ、煮汁を吸わせながら8分ほど炒り煮する。

5. 汁気がほとんどなくなったら、きぬさやと溶き卵を加え、混ぜながら炒める。

大きさをそろえて切るのがコツ

筑前煮

Voice

煮物は面倒
という概念が
吹っ飛んだ一品。

材料(4人分)

鶏もも肉…200g
里いも…中3個(180g)
ごぼう…1/2本(90g)
にんじん…1/4本(50g)
たけのこ…60g
こんにゃく…100g
干ししいたけ…4枚
いんげん…4本

だし水…2カップ(400cc)
調味料
　酒・みりん・しょうゆ
　　…各大さじ2½
　砂糖…小さじ1
ごま油…少々

作り方

1. 鶏もも肉は皮を取り除き、一口大に切る。

2. 干ししいたけは水で戻して軸を取り4等分に切る。ごぼう、にんじんは乱切りにする。里いもとたけのこは一口大に切る。こんにゃくはスプーンなどを使って一口大にちぎり、下ゆでする。それぞれの材料の大きさをそろえる。

3. 鍋にごま油を熱し鶏肉を炒め、色が変わったら2を加えてサッと炒める。全体に油が回ったらだし水を加える。沸騰したらアクを取り、調味料を加える。

4. 中火にしてゆっくり火を通し、最後に2cm長さに切ったいんげんを加え、さっと火を通す。

ほうれん草と
ぜんまいの和え物

材料(4人分)

ほうれん草…1束(200g)
しめじ…40g
にんじん…1/4本(50g)
ぜんまい(水煮)…60g
だし水…1/2カップ(100cc)
調味料
| みりん…大さじ1½
| しょうゆ…小さじ1
【和え衣】
練りごま…大さじ2(30g)
マヨネーズ…大さじ1
しょうゆ・砂糖…各小さじ1

Voice

「料亭の味」と、
家族に
ほめられました。

作り方

1. ほうれん草はゆでて食べやすい長さに切る。

2. にんじんは短冊切り、しめじは小房に分ける。ぜんまいは食べやすい長さに切る。

3. 鍋にだし水と調味料を入れ、ぜんまいを8分ほど中火で煮る。にんじんとしめじを加え、汁気がなくなるまで煮る。

4. ボウルに和え衣の材料を入れて混ぜ、1と3を和える。

冬菜を洋風に。青菜なら何でもOK

冬菜のサラダ

材料(4人分)

冬菜…1束(250g)
卵…1個
調味料
| 砂糖…小さじ2
| 塩…少々
炒め油…適量

ハム…2枚
玉ねぎ…1/4個(50g)
ドレッシング
| 塩…小さじ2/3
| 酢…大さじ2
| サラダ油…大さじ4
| マスタード…小さじ1

作り方

1. 冬菜は塩少々でゆでて水に取り、水気をしぼり2cm長さに切る。

2. 卵は調味料を入れてよく溶き、フライパンに油を熱し、さいばし4、5本でかき混ぜながら細かい炒り卵を作る。ハムは5mm角に切る。玉ねぎはみじん切りし、水に放したあとクッキングペーパーで水気をしぼる。

3. ドレッシングの材料を合わせる。

4. 3のドレッシング大さじ1を1の冬菜に加えて混ぜ、味をなじませたら器に盛る。卵、ハム、玉ねぎを彩りよく散らし、残りのドレッシングをかける。

Voice

甘い卵と冬菜の
組み合わせで、
幸せなおいしさ。

副菜のはなし

「副菜」は主食と主菜に不足しがちな栄養素を補うとともに、食事全体の彩りを豊かにしてくれます。雪国ならではの清冽な雪解け水の恩恵を受けておいしさを増す山菜やきのこ、四季折々の野菜、海藻王国・佐渡島で採れる種類豊富な海藻……。バラエティーに富んだ副菜から、新潟の豊かな自然が育む食材のおいしさを堪能できます。

本誌で紹介している 副菜の主な食材

里いも　ごぼう　大根　レンコン

根菜

にんじん　こんにゃく　しょうが

レタス　ブロッコリー　冬菜

ほうれん草　長ねぎ

葉物

なす　きぬさや　玉ねぎ　きゅうり

ミニトマト　たけのこ　いんげん

その他の野菜

生わかめ　海藻

しいたけ（生・干）　しめじ

きくらげ

きのこ

ぜんまい

山菜

豆腐　厚揚げ

車麩　高野豆腐

豆製品

常備菜にどうぞ

五目豆

材料(4人分)

水煮大豆…60g	だし水…1カップ(200cc)
ごぼう…1/4本(45g)	調味料
にんじん…1/4本(50g)	酒…大さじ1
こんにゃく…40g	砂糖・みりん
干ししいたけ…2〜3枚	…各小さじ1½
いんげん…6本	しょうゆ
昆布…4g(4cm×8cm)	…大さじ1½〜2

作り方

1. 昆布は表面をサッとふき、7〜8mm角に切り、30分ほど水に浸す。
2. 干ししいたけは水で戻して軸を取り1cm角に切る。ごぼう、にんじんも1cm角に切る。こんにゃくも1cm角に切り、下ゆでする。
3. 鍋にだし水と調味料を入れ沸騰させ、1と2の材料を入れてひと煮立ちさせる。
4. 大豆を加えてしばらく煮る。
5. 小口切りにしたいんげんを加えて汁気がなくなるまで煮る。

Voice

冷めてもおいしいので、お弁当のおかずにも便利。

だしを含んだ高野豆腐のおいしさを堪能

高野豆腐の卵とじ

材料(4人分)

高野豆腐…2枚	だし水…1½カップ(300cc)
しいたけ…2枚	調味料
三つ葉…1束(90g)	しょうゆ…大さじ1½
卵…2個	塩…小さじ1/4
	酒・砂糖・みりん
	…各大さじ1

作り方

1. 高野豆腐はぬるま湯に10分ほどつけて柔らかく戻し、水気をしぼる。
2. 1を半分にして短冊切りする。しいたけはそぎ切りする。
3. 鍋にだし水を入れて沸騰させ、調味料を加えて高野豆腐を入れて汁気がなくなるまで煮る。
4. しいたけを加えてサッと煮て、三つ葉を加えたらすぐに卵を回し入れて火を止める。

Point

高野豆腐をしっかり、柔らかく戻すのがおいしさのコツ。

新潟県の郷土料理の代表格です

のっぺ

材料(4人分)

里いも…中4個(240g)
にんじん…1/4本(50g)
こんにゃく…40g
たけのこ…30g
れんこん…40g
干ししいたけ…4枚
かまぼこ…30g
だし水…2カップ(400cc)
調味料
| 塩… 小さじ1/3
| しょうゆ・みりん・酒
| 　　　…各大さじ2
きぬさや・いくら…適量

Voice

初めて作りましたが、
こんなに簡単に
できるなんて、驚き！

作り方

1. 里いもとにんじんは乱切りにする。こんにゃくは小さめの一口大に切り、下ゆでする。たけのことれんこんも同様の大きさに切る。干ししいたけは水で戻して軸を取り、一口大に切る。かまぼこはほかの材料に合わせた大きさに切る。

2. きぬさやは下ゆでし、斜め細切りにする。

3. 鍋にだし水、にんじん、たけのこ、干ししいたけ、こんにゃくを入れて10分ほど煮る。調味料と里いも、れんこんを加え、材料が柔らかくなるまで煮る。かまぼこを入れてさらに火を通す。

4. 器に盛り2を添え、いくらを散らす。

ふだんの食材を、ひと工夫

ブロッコリーと
大根のごま酢

材料(4人分)

ブロッコリー
　…1/3個(80g)
大根…1/10本(120g)
生わかめ…30g

カニかま…4本
ごま酢
| 白ごま…大さじ2
| しょうゆ・酢…各大さじ1
| 砂糖…小さじ1

作り方

1. ブロッコリーは小房に分け、色よくゆでる。大根は5cm長さの千切りにして水に放しパリッとさせ、ザルに上げてしっかり水分を切る。カニカマはほぐす。生わかめは熱湯をくぐらせ、食べやすい長さに切る。

2. 白ごまは刻んで調味料と合わせてごま酢を作る。

3. 器に大根を広げブロッコリー、生わかめ、カニかまを彩りよく盛り2をかける。

Point

白ごまを刻むひと手間が
ドラマティックに
おいしさを届けます。

1つの鍋で全部ゆでて
冬野菜のホットサラダ

材料(4人分)

キャベツ…1/6個(150g)
ブロッコリー…1/4個(60g)
にんじん…1/5本(40g)
かぶ…1個(90g)
さつまいも…1/6本(50g)
ドレッシング
  白ワインビネガー
    (または酢)…大さじ1
  オリーブオイル
        …大さじ1½
  粒マスタード…大さじ1
  塩・こしょう…適量

Voice

ワインビネガーは
使わず、いつも酢で
作っています。

作り方

1. キャベツはざく切りに、ブロッコリーは小房に分ける。にんじんとさつまいもは2cmの輪切り、かぶはくし型にする。
2. 鍋に湯を沸かし、強めの塩（水1ℓに大さじ1）を加え、にんじん、さつまいも、ブロッコリー、キャベツ、かぶの順にゆで、ザルに上げて水分を切る。
3. ドレッシングの材料を混ぜ合わせる。
4. 野菜が温かいうちにドレッシングで和え、味見をして塩とこしょうで味をととのえる。

和食の定番おかずは手作りが最高！
ひじきの五目煮

材料(4人分)

ひじき(乾)…8g	だし水…1カップ(200cc)
にんじん…1/2本(100g)	調味料
油揚げ…1枚	酒・しょうゆ
れんこん…50g	みりん・砂糖
干ししいたけ…2枚	…各大さじ1

作り方

1. ひじきはたっぷりの水で戻し、15〜20分浸して柔らかくなったらザルに上げる。
2. 干ししいたけは水で戻して軸を取り、細切りにする。にんじんは2cmの短冊切りにし、油揚げは油抜きをしてから2cm幅に切る。れんこんはいちょう切りにして水に放す。
3. 鍋にだし水を入れて1と2の材料を入れ、ひと煮立ちしたら調味料を入れて7〜8分煮る。

Voice

れんこんの
しゃきしゃき感が、
おいしさを
盛り上げます。

酒かすを使った郷土料理にほっこり
べた煮

材料(4人分)
新巻鮭のガラ…200g
大根…1/3本(400g)
里いも…中4個
にんじん…1/2本(100g)
ごぼう…1/3本(60g)
長ねぎ…1本
だし水…3カップ(600cc)
酒かす…80g
みそ…大さじ2

副菜

Point
新巻鮭のがらは
塩鮭2切で
代用できます。

作り方

1. 鮭のガラは大きいものは一口大に切る。

2. 鍋にたっぷりの水を入れ、1のガラを入れて火をつけ、アクを取りながら骨が柔らかくなるまで煮る。

3. 大根は2cm厚さの半月切り、里いもは半分に切り、にんじん、ごぼうは斜め切り、長ねぎは2cm長さのぶつ切りにする。

4. 2の鍋にだし水と、長ねぎ以外の野菜を入れ、柔らかくなるまで煮る。

5. 長ねぎを入れひと煮立ちしたら、酒かすを煮汁で溶きながら入れる。みそを加えて味をととのえる。みその量は新巻鮭の塩分によって調整する。

とろみで、味がしっかりつきます
車麩の八方煮 ～パッククッキング～

材料(1人分)
車麩…1/2枚
じゃがいも…1/2個(25g)
にんじん…1/5本(40g)
しいたけ…1/2枚
片栗粉…大さじ1/2

だし水…大さじ5(75cc)
調味料
| しょうゆ・酒…各小さじ2
| 砂糖…小さじ1強
三つ葉…適量

Voice
ポリ袋の中にどんどん
材料を入れるだけ。

作り方

1. 車麩は水に浸してよく戻し、6等分に切る。

2. じゃがいも、にんじんはいちょう切りにする。しいたけは薄切りにする。

3. ポリ袋に1と2を入れ、全体をよく混ぜてから片栗粉を加えて全体にまぶすように、よく混ぜる。

4. だし水と調味料を入れ、空気を抜いて上の方でしっかり口をしばる。沸騰した鍋に入れ、20分加熱する。

5. 器にあけ、三つ葉を添える。

料理教室〈MSG〉

笑顔あふれる時間と空間で
料理を作る楽しさを伝える

外山迪子さんが自宅で開催している料理教室〈MSG〉。名称は〈みんな 幸せ グループ〉の頭文字から。料理教室の〈幸せ〉とは——。

外山さんが料理教室を始めたのは2020（令和2）年。外山さんの料理を食べた方たちがそのおいしさに感激し、「教えてほしい！」と頼まれたことがきっかけでした。現在は月に2回、毎回3〜4名が参加。皆さんの目的は「家庭料理や郷土料理を習いたい」「レパートリーを増やしたい」「還暦を迎え食の大切さを痛感し、食の基本を見直したい」「毎日の食事にヒントやアクセントをいただきたい」など、さまざまです。

冬のとある日の教室。午前10時に生徒たちが集まってきました。明るい声で挨拶をかわし、身支度を整えるとテーブルを囲んで本日の料理の説明が始まります。献立は主菜、副菜（または副々菜）、主食、汁物の組み合わせ。この日のメニューは主菜「サンマの変わりパン粉包み焼き」、副菜「冬野菜の

調理前の料理説明も和やかな雰囲気の中で進みます

ホットサラダ」、汁物「きのこのミネストローネ」、主食「ガーリック・バターライス」。デザートが添えられることもあります。

料理の担当分けをしたら、外山さん手作りのレシピシートを見ながら説明を受け、調理開始。外山家の限られたスペースのキッチンで手際よく各自の作業をこなし、わからないことがあると「先生〜！」の声にすぐに外山さんがかけつけ手ほどき。丁寧に、わかりやすく教えてくれます。たとえ失敗があっても、外山さんの長年の経験と大らかな人柄から、すぐに最高のリカバリー術を伝授。

和やかで、時には笑い声も聞こえるキッチンですが、MSGには鉄則があります。それは〈だしと計測、切り方をそろえて〉。面倒なようですが、実は「これさえ守れば、時短になり、おいしさにもつながります」と外山さん。

レシピシートが配布され、担当料理を決めます

外山さんの料理教室は笑顔が絶えない「作る楽しみを伝える場」

手作りの料理が並ぶ
食卓の豊かさを実感

　料理が仕上がると、会食タイム。みんなでリビングに料理を並べます。主菜、副菜、主食、汁物が並ぶと、ふだんスーパーで売っている食材で作ったとは思えない、多彩で豪華な食卓になります。「いただきます！」。料理の感想やこの日の振り返り、日々の料理のこと、日常の何気ない出来事などを語り合いながら、幸せなランチタイムを全員で共有します。

　「添加物をチェックして買い物するようになりました」「子どもたちが薄味に慣れて、味が濃いと指摘されます」「夫がおかわりをしてくれるようになり、子どもたちは食べ残しがなくなりました」など、参加者や家族の食生活にも変化が現れています。

　外山さんは「コンビニ食や調理済みの料理ではない、手作りの料理が並んだ食卓の豊かさを知ってもらえるのがうれしい」と教室の醍醐味を語り、「一緒に作って食べることで直接それが伝わることが、私の喜び。大きな励みでもあり生きがいになっています」と微笑みます。

　ある生徒さんが「好き！」と言っていた外山さんの「やっぱりおいしいわね〜」という言葉とともに、その幸せが参加者たちの体と心に染みていきます。

1.主菜の付け合わせのほうれん草の水切り。メインだけでなく、付け合わせの野菜も大切。2.スープの味を確認する外山さん。3.幸せな時間を象徴するかのような外山さんの笑顔。4.献立の理想の4要素が並ぶ、美しい食卓

副々菜

和食の基本となる「一汁三菜」のおかずは主菜と副菜2品。副菜の中でも小皿や小鉢で供するおかずが「副々菜」。不足しがちな野菜を使って手早くできる、すぐれモノを紹介します。

しもつけ(三条市)

おくらを手で割くと、味がよくしみます

おくらとみょうがの柚子こしょう和え

Point

ガクを三角にむくと、
手間以上の
付加価値があります。

材料(作りやすい分量)
おくら…1パック(約6本)
みょうが…2〜3本
合わせ調味料
┃柚子こしょう・しょうゆ…各小さじ1/2
┃だし水…大さじ1
かつお節…適量

作り方
1. おくらはうぶ毛を取るようにこすり合わせて洗い、ガクを三角にむくように取る。塩少々を入れた湯でサッとゆでる。ザルに上げ、氷水に入れて冷やす。
2. おくらを手で4〜5つに割き、せん切りにしたみょうがと合わせる。
3. ボウルに合わせ調味料の材料を入れてよく混ぜ合わせ、2を加えて和える。
4. 器に盛り、かつお節をふる。

2～3日漬けると最高の味に

柚子大根

Point

好みで柚子の
搾り汁を入れても
おいしいです。

材料(4人分)

大根…1/2本(600g)
塩…小さじ1/2
合わせ酢
　はちみつ…大さじ1～2
　酢…大さじ2
　塩…小さじ1/3
柚子の皮(せん切り)…少々

作り方

1. 大根は皮を厚めにむき、4～5cmの輪切りにしてから拍子切りにする。塩をもみ込み10分ほどおき、軽く洗ってしぼる。

2. ボウルに合わせ酢の材料を入れて混ぜ合わせ、1を加えて和える。

3. 10分ほどおいて味見をし、好みで塩やはちみつをたし、柚子の皮を混ぜる。

Voice

蛇腹切りの美しさ
だけで、食卓が
とても華やかに！

身近な食材で食欲をそそる一品に

きゅうりとこんにゃくの梅肉和え

材料(4人分)

きゅうり…2本
塩…少々
こんにゃく…100g
ちりめんじゃこ…大さじ3
大葉…2枚
梅干し…2〜3個
砂糖…大さじ1/2
しょうゆ…大さじ1

作り方

1. きゅうりは両端を切り落とし、固いところは皮をむき、蛇腹切りにする。きゅうりを下まで切らずに斜めに包丁を入れ、反対側も同じように切る（写真a）。塩少々をふってしばらくおき（写真b）、しんなりしたら一口大に切る（写真c）。

2. こんにゃくは短冊切りにし、水からゆでる。

3. ちりめんじゃこは熱湯をかけて柔らかくしておく。

4. 梅干しは種を取り、包丁の背でたたきボウルに入れて、砂糖としょうゆを合わせる。

5. 食べる直前に、4にきゅうりとこんにゃく、じゃこを加えて梅肉で和える。大葉のせん切りを天盛りする。

a

b

c

わかめとピーマンの炒め物

材料(4人分)
生わかめ…80g
ピーマン…2個
ごま油…大さじ1
調味料
| しょうゆ・酒…各小さじ2

Voice

全員が大絶賛。
1品足りないときは、
5分でできるコレ！

作り方

1. わかめは食べやすい長さに切り、しっかり水気を切る。
2. ピーマンは半分に切って種を取り、大きめのせん切りにする。
3. フライパンにごま油を熱し、ピーマンを炒めてから、わかめを加えてさらに炒める。
4. 調味料を回し入れ、味をととのえる。

切り干し大根の即席はりはり漬け

材料(4人分)
切り干し大根…40g
昆布…5cm角1枚
にんじん…1/5(40g)
赤とうがらし…1本
白ごま…少々
漬け汁
| 酢…大さじ1⅓
| しょうゆ・酒…各小さじ2
| 砂糖…大さじ1
小ねぎ(または三つ葉)…適量

作り方

1. ボウルに漬け汁の調味料を合わせておく。
2. 昆布は細かく切って1に漬け込む。
3. 切り干し大根は水でよく洗ってしっかりしぼり、食べやすい長さに切る。にんじんはせん切り、赤とうがらしは小口切りにする。
4. 3を2の漬け汁に30分以上漬けて味をなじませ、器に盛り、食べるときに白ごまを指でつぶしてふり、小ねぎを散らす。

Voice

本当に即席！
切り干し大根は
よく洗いましょう。

副々菜のはなし

　野菜や海藻などに多く含まれるビタミンやミネラルは、微量ながらも体の発達や代謝機能を維持するために必要な、大切な栄養素。それを食事から摂るときに活躍するのが副菜と副々菜です。特に副々菜は、和えものやおひたし、即席漬けなど、常備している根菜や冷蔵庫の常連野菜、乾物などを使ってサッと作ることができます。主菜や副菜の残った食材を活用するのもおすすめです。

大根　にんじん　こんにゃく

根菜

小ねぎ　キャベツ　ほうれん草　ニラ　大葉

葉物

おくら　みょうが　ゴーヤ　ピーマン　玉ねぎ　きゅうり　すだち

その他の野菜

本誌で紹介している副々菜の主な食材

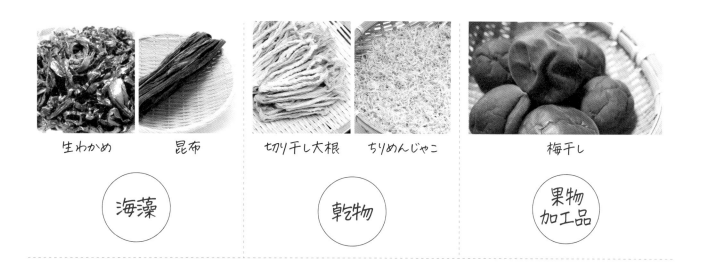

生わかめ　昆布

海藻

切干し大根　ちりめんじゃこ

乾物

梅干し

果物加工品

にらとみょうがの
おろし酢和え

材料（4人分）

にら…1束（100g）
みょうが…4個
生わかめ…10g
大根おろし… 1/6本（200g）
合わせ調味料
｜しょうゆ・米酢…各大さじ3
すだち…1個

Point

合わせ調味料は
食べる直前にかけて。

作り方

1. にらは3cm長さに切り、塩少々を入れて沸騰させた湯に入れる。再び沸騰したら30秒ほどゆで、手早く氷水に取って冷やし、水気をしっかり切る。

2. みょうがは縦半分に切り、斜め薄切りにする。

3. わかめはさっと熱湯を通して水を切り、食べやすい長さに切る。

4. 1〜3の材料を合わせ、軽く水気を切った大根おろしを加え、混ぜ合わせる。

5. 器に盛り、合わせ調味料をかける。好みですだちをしぼりかける。

ゴーヤと玉ねぎの
甘酢漬け

材料（4人分）

ゴーヤ…1本
玉ねぎ…1個（200g）
塩…少々

甘酢
｜酢…大さじ4
｜砂糖…大さじ3
｜塩…小さじ1

Voice

5分で調理できるから、
わが家は週1で
食べるほど。

作り方

1. ゴーヤは縦半分にして種を取り除き、薄切りにする。

2. 1をボウルに入れ、塩少々で塩もみした後、水を変えながら2回洗い流し、しっかりしぼる。

3. 玉ねぎは半分にして薄切りにする。

4. ボウルに甘酢の材料を入れて合わせる。

5. 4にゴーヤと玉ねぎを加えて混ぜ合わせる。一晩冷蔵庫で味をなじませる。

片栗粉の衣と大根の相性抜群！
大根のごま揚げ

材料(4人分)
大根…1/3本(400g)
衣
│ 片栗粉・黒ごま…各大さじ3
揚げ油…適量
カレー塩
│ カレー粉・塩…各小さじ2

作り方

1. 大根は皮をむいて太めの棒状に切る。
2. バットに衣の材料を入れてよく混ぜ、1の大根を水少々でぬらして、しっかりまぶす。
3. 約180℃の油でこんがり色づくまで揚げる。
4. カレー粉と塩をまぜてカレー塩を作り、つけていただく。

Voice

大根を揚げるなんて。想像を超えたおいしさにびっくり。

副々菜

香ばしいじゃこがアクセントに
キャベツとじゃこのおひたし

材料(4人分)
キャベツ…大2枚(150g)　　しょうゆ…小さじ1½
ほうれん草…1/2束(100g)　　ごま油…小さじ2
ちりめんじゃこ…10g

作り方

1. ちりめんじゃこはごま油でカリっと炒めて冷ましておく。
2. キャベツは1枚のままゆでてから、短冊切りにする。ほうれん草はゆでて、3cm長さに切る。
3. 野菜の水分を切り、じゃこを加えてざっくり混ぜ、しょうゆとごま油で味をととのえる。

Voice

カンタンなのに、おいしさ爆発!!

三条市食生活改善推進委員協議会〈ヘルスメイト〉

38年間、三条の食を
仲間とともに支え続ける

1.見事な包丁さばき。2.スタンドクリップにレシピカードを挟んで。指導者も参加者も作業しながら見ることができます。3.息の合ったチームプレーで次々と料理が仕上がります

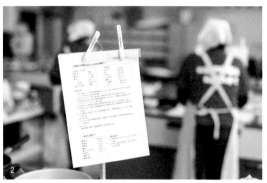

自身が撮影した仕上がり写真を見せながら、当日のレシピを説明する外山さん

「私達の健康は私たちの手で」

ピンクのTシャツの背中に書かれたこの言葉は、〈ヘルスメイト〉の愛称で親しまれる食生活改善推進委員協議会のスローガンです。外山迪子さんは、三条市の同会で38年間活動を続けています。

ヘルスメイトは全国組織。戦後から70年以上、地元に根差した食を通じたボランティア活動により、日本の食生活を支え続けています。正に"縁の下の力持ち"。外山さんは現在、新潟県の会長、そして全国の会長を兼任。外山さんにとって、食と関わる原点となる取り組みともいえます。38年間、この活動を通して常に「食べることの大切さ」を伝えてきました。

三条市では市主催の「栄養教室」を修了した人が会員となり、現在では男性を含む173名が所属しています。幼児期から高齢者までを対象に、「健康料理教室」「男の料理教室」「子ども料理教室」などを開催したり、子育て世代のお母さんの食のサポート、笹団子などの郷土料理を伝承する活動も行っ

ています。県民の健康を目的とした活動として、減塩料理の指導にもあたってきました。

三条市の食推活動の拠点となっているのは三条市総合福祉センターの調理室。この日は外山さん含め5人のメンバーが、本誌の調理サポートとして集まってくれました。

調理の流れは日ごろの活動と同じ。最初にレシピシートを確認し、役割分担。外山さんは仕上がりのスナップ写真も資料として用意し、会員の皆さんが仕上がりをイメージしやすい工夫をしています。この段階での綿密な打ち合わせにより、この後の調理がスムーズに進んでいきます。もちろん、料理の出来上がりを想像してわくわくしながら、会員同士が交流する楽しい時間でもあります。

各調理台には、誰でもすぐに確認できるよう、スタンド式のクリップにレシピシートが立てられています。料理の知識や調理の技術はもちろんですが、細かな部分にも、長年の活動による知恵が詰まっています。

参加してくれた人の笑顔と喜びが、継続の活力に

　この日参加した副会長の五十嵐百合子さんは会員歴25年以上。元々好きだった料理の「うすらぼんやりした」知識をしっかりと確認したいと思い、栄養教室に参加したのが活動のきっかけでした。ヘルスメイトの活動の魅力は「地域や年齢関係なく、さまざまな人と交流できること」と話します。

　もう一人の副会長、成田朗子さんは活動歴約10年。知人に栄養教室に誘われたのがきっかけ。「先日中学校で郷土料理やパッククッキングを生徒たちと一緒に作ったのですが、子どもたちが驚いたり、喜んだりするのを見ると、やっていてよかったなと思いますね」と活動のやりがいを語ります。2人の副会長から見て外山さんの魅力は「常に勉強をされていて、知識量が半端ではないですね。それを押しつけがましくなく教えてくれます」。さらに「何よりも活動量がすごい。38年間コンスタントに続けられて来たことも尊敬します」と日ごろの思いを語ってくれました。

　全国、そして県の会長を務める外山さん。「各地域には食生活改善推進委員（食推）がいます。皆さんの近くでも活動をしていますので、ぜひ料理教室など私たちの活動に参加していただきたいですね」と呼びかけるとともに、自身の活動についても「これからも身近なところで、身近な人たちと、たくさん活動ができたらと思っています」と意気込みます。参加した人たちが喜ぶ笑顔が、外山さんの活力源です。

1.わかりやすく、丁寧に指導する外山さん。2.外山さんを囲んで。左から書記の田中不二子さん、副会長の五十嵐百合子さんと成田朗子さん、会計の山内桂子さん。3.黒豆を炒ってから炊くだけ！の「黒豆ご飯」は大人気メニュー

ヘルスメイト募集

三条市ではヘルスメイトを募集しています。健康づくりのポイントが学べる「栄養教室」に参加し、ヘルスメイトとして外山さんたちと一緒に活動しませんか。詳細は下記へお問い合わせください。

三条市福祉保健部 健康づくり課 食育推進室
TEL. 0256-34-5448 (直通)　　FAX. 0256-34-5572
メールでのお問い合わせはこちらから ▶▶▶▶▶▶▶

主食＋ご飯のお供

米、餅、パン、麺類など、炭水化物を主成分とするエネルギー源になるのが「主食」です。炊き込みご飯やちらしずし、丼とともに、常備したい〈ご飯のお供〉も紹介します。

夏井・秋(新潟市西蒲区)

手軽にできるおすしです

洋風ちらしずし

材料（4人分）

米…2½合
調味料
　｜酢…大さじ5
　｜砂糖…大さじ2½
　｜塩…小さじ1
きゅうり…1本
カニかま…4本
ロースハム…4枚

卵…2個
　｜砂糖…大さじ1
　｜塩…少々
レタス…3枚（100g）

作り方

1. 米は30分前に洗ってザルに上げておき、通常より少々固めに炊く。

2. 鍋に調味料を入れて弱火で砂糖がとけるまで温め、炊き上がったご飯に切るようにして混ぜ合わせる。

3. きゅうりは薄い輪切りにして塩少々をふり、水分を切る。カニかまは3つに切り、細くほぐす。ハムは1cm角の色紙切りにする。卵は砂糖と塩を加えて炒り卵にする。レタスは手で小さくちぎる。

4. 2の酢めしにきゅうりとカニかま、ハム、レタスを混ぜ合わせる。

5. 器に盛り、炒り卵を飾る。

梅干しが食欲をそそります

納豆丼

Point
ひきわり納豆を
使うことで、ほかの
具材とよく
からまります。

材料(4人分)

ひきわり納豆…2パック(80g)
ちりめんじゃこ…大さじ4
梅干し…2個
大葉…4枚
白ごま…大さじ2
ご飯…800g(米2½合分)

作り方

1. 納豆をほぐし、梅干しは種を取り包丁でたたく。

2. 温かいご飯の上に1とじゃこをのせ、白ごまをふりか
   け、千切りにした大葉を散らす。じゃこの代わりにし
   らすを使ってもよい。

鯵やサンマでもできます
鰯のかば焼き丼

Voice
鰯はスーパーで
おろし身を買います。
焼きたての
かば焼きに感動！

材料（4人分）

鰯…4尾
| しょうが汁…小さじ2
| 片栗粉…適量
長ねぎ…1本(100g)
炒め油…適量
大葉…4枚
だし水…大さじ4
調味料
| しょうゆ・みりん…各大さじ2
| 砂糖…大さじ1
ご飯…800g（米2½合分）

作り方

1. 鰯は頭を切り、内臓を除いて洗い、キッチンペーパーで水分をふき取る。腹側から包丁を入れ、骨を取りながら開く。しょうが汁をふりかけ、しばらくおいてから片栗粉をまぶす。

2. フライパンに多めの油を熱し両面を軽く焦げ目がつくくらい焼く。

3. 長ねぎは3cm長さに切り、焦げ目がつくくらい焼く。

4. だし水と調味料を合わせ、4、5分煮つめてタレを作る。

5. ご飯を盛った器に鰯を盛り、タレをかけて長ねぎを添え、せん切りした大葉をのせる。

特別な日に、いかが？

ガーリック・バターライス

Voice

しょうゆを
数滴たらしても
おいしいです。

材料(4人分)

米…2合
にんにく…1かけ
塩…小さじ1/2
コンソメ(顆粒)…小さじ1
バター…10g
パセリみじん切り…適量

作り方

1. にんにくはみじん切りにする。

2. 炊飯器に通常より少なめの分量の水を入れ、パセリ以外の材料を入れて炊く。

3. 炊き上がったら全体を混ぜ合わせて器に盛り、パセリを散らす。

お赤飯のような、もっちりとした食べ応え

黒豆ご飯

主食

Voice

水に戻さず使う黒豆
にびっくり！
かみしめるおいしさが
最高です。

材料(4人分)

黒豆…1/2カップ(70g)

米…1½カップ

水…3カップ(600cc)

塩…小さじ1弱

酒…大さじ1

白ごま…適量

作り方

1. 米はとぎ、ザルに上げて水気を切る。

2. 黒豆は洗わずにキッチンペーパーでよくふき、フライ
パンに入れて弱火でゆするようにしながら皮の裂け目
ができるまで煎る(写真a)。

3. 炊飯器に1と2、水、塩、酒を入れて炊く。

4. 器に盛って、白ごまをふりかける。

保存しておきたい！ご飯のお供3品

旬の時期にたっぷり作って
きゅうりの佃煮

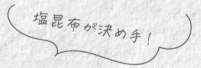

塩昆布が決め手！

材料(4人分)

きゅうり…10本	調味料
塩…少々	砂糖…50g
しょうが…40g	しょうゆ…大さじ3
赤とうがらし…1本	酢…大さじ4
塩昆布…5g	みりん…大さじ2強

作り方

1. きゅうりは薄い輪切りにして、塩をふりしばらくおく。出てきた水分はしっかりしぼる。

2. しょうがはせん切りにする。赤とうがらしは種を除き小口切りにする。

3. 調味料を鍋に入れ、砂糖が溶けたら1と2を入れて混ぜながら汁気がなくなるまで煮る。

4. 塩昆布を加え、全休をよく混ぜ合わせて火を止める。

ヘルシーな
最強時短おかず

最高のお供。弁当やおにぎりの具にも

かつお節の佃煮

材料(4人分)

かつお節…20g	調味料
ちりめんじゃこ…10g	しょうゆ…大さじ2弱
白ごま…大さじ1	みりん…大さじ2
	酒…大さじ2
	砂糖…適量

作り方

1. 調味料をフライパンに入れ、弱火で熱し、煮立たせる。
2. ちりめんじゃことかつお節を入れて中火で炒める。
3. 汁気を飛ばしながら混ぜ、白ごまを入れて軽く炒める。

カルシウムたっぷり！抗酸化作用も

青菜のふりかけ

材料(4人分)

小松菜…1束(200g)
ちりめんじゃこ…20g
白ごま…大さじ2
塩…大さじ1

旬の時期には大根菜でも
おいしいです

作り方

1. 小松菜はよく洗い、みじん切りにしたらボウルに取る。
2. 1に塩をふり、塩もみをしてアクを出し、しっかりしぼる。
3. フライパンに2を入れてから煎りする。ちりめんじゃこを入れ、さらに炒めたら白ごまを加えて火を通す。

地域の取り組み〈わかくさ会／お結びキッチン〉

子どもたち、そして高齢者へ
おいしく楽しく、食を発信

　外山さんが食生活改善推進委員協議会〈ヘルスメイト〉として活動を行ってきた中で、地元三条でもさまざまな出会いがありました。そこから発展した2つの取り組みがあります。

　1つ目は、外山さんの自宅から徒歩数分の島田会館で、高齢者向けに月1回開催している「わかくさ会」です。国の委託事業で高齢者向けの「骨太クッキング」を島田会館で開催したあと、参加した方たちから継続的な会を切望され、2016（平成28）年に「わかくさ会」がスタートしました。対象は「会場へ歩いて来ることができる人」。「交通手段のない方は交流の場も少ないので」と外山さんはその思いを語ります。

　調理はヘルスメイトと民生委員を中心に約11名で行っています。みんなで食事を楽しむだけではなく、食事前に健康に関する学習や読み聞かせ、歌や楽器の演奏など、参加者の方たちのためになり、楽しめる時間を提供。継続していることで外山さん自身も「顔なじみが増え、私の励みにもつながっています」と喜びます。

地域を結ぶ子ども食堂

　もう一つの取り組みが2022（令和4）年1月からスタートした、三条市大島（おおじま）地区での子ども食堂「お結

（むす）びキッチン」です。メンバーは大島地区在住の代表の山口裕子（ひろこ）さんと髙橋ふじ子さん。同級生の子どもをもち、子どもたちが小学生だったころに2人ともアトピーで悩み、食に関する情報交換をするようになりました。そのときに和食が心身の健康につながることを再確認し、地域の子どもたちに「安心できる和食が心身の健やかな成長の基盤になることを伝えていきたい」との思いで、子ども食堂を運営することに。たまたま10数年ぶりに再会した外山さんに参加をお願いし、3人での取り組みが始まりました。

　1年目は年4回程度、コロナ禍もあり、弁当の配食と、親子料理教室を開催。隣接する大島小学校では長期休暇中の子どもたちにランチを提供。2年目は毎月開催を予定しています。

大島小学校のお結びキッチンで配膳する外山さん

お結びキッチンの調理風景。ボランティアスタッフとともに短時間でおいしい料理を作ります

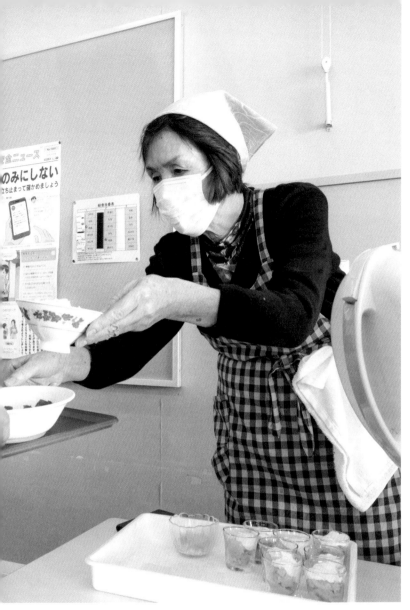

1.島田会館の「わかくさ会」で
参加者と触れ合う外山さん。
2.「わかくさ会」のメニューも
主菜、副菜、主食、汁物をそろ
えます

3.6年生の男子生徒が自主的に調理ボランティアに参加。4.お結びキッチン
の本日の主菜「鶏肉とカシューナッツの炒め物」。彩りも抜群！

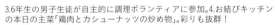

大島小学校ではランチルー
ムで全校生徒が一緒に給食
を食べます

みそ汁のおいしさが 子どもたちの間で評判に

　2022年の年末。大島小学校でこの年最後のお結びキッチンが開催されました。在校生親子と先生たち約20名分と、近くの施設に届ける弁当、全部で約50食分を調理します。3時間弱で全てを調理し、ランチルームへ運ぶため、ボランティアスタッフとともに全員が手分けして作業にあたります。慌ただしい中でも、皆さん料理を楽しんでいる様子。

　「外山先生のレシピ、献立、無駄の出ない分量計算は、いつも素晴らしいと感動しています」と山口さんと髙橋さん。そして「毎回約50食を提供するので、短時間においしく作り上げるための事前準備をとても大切にし、当日の動き方まで指導いただいています」と、2人は外山さんとこの活動ができることへの感謝を語ります。「みそ汁がおいしかった！と子どもたちが盛り上がっていましたよ」と校長先生から報告をもらうなど、3人の元に届くうれしい反応が、継続のパワーに。外山さんも月1回の活動を心待ちにしています。

─── お結びキッチン ───
メール ▶ cotocoto3jo@gmail.com

1.大島小学校のランチルームでのお結びキッチン。先生方も参加して、おいしさを共感。2.外山さんを囲んで、代表の山口裕子さん（右）と髙橋ふじ子さん。3.ランチ同様に主菜「鶏肉とカシューナッツの炒め物」、副菜「かぼちゃの甘辛」、ご飯にデザートも詰めたお弁当。汁物も添えて届けます。4.配膳時の子どもたちとの会話も楽しみの一つ

汁　物

日々の献立に欠かせない汁物。食材を生かした具だくさんのものから、ひと手間プラスしたおもてなしにも活躍するもの、洋風や中華風など、バラエティーに富んだ汁物を紹介します。

蝶と風景

少しの手間で料亭の味に
カキのお吸い物

材料（4人分）

カキ…8個
| 塩（洗い用）…小さじ1強
| 片栗粉…大さじ1強
大根…薄切り8枚
三つ葉…1/2束（45g）
長ねぎ…適量
だし水…3¾カップ（750cc）
調味料
| 塩…小さじ1
| しょうゆ…大さじ1
| 酒…50cc

作り方

1. カキは塩と片栗粉（分量外）を入れてやさしく混ぜ、水を加えて洗う。もう一度塩少々を入れた水で洗う。水気をキッチンペーパーでしっかりふき取り片栗粉をふる。

2. 大根は薄い輪切りにし、3～4分下ゆでする。長ねぎは細くせん切りし、水に放してからしっかりしぼり、白髪ねぎにする。

3. 鍋にだし水と調味料を入れて火にかけ、沸騰したら中火にし、1のカキを入れて火を通す。カキに火を通し過ぎないように注意する。

4. 器にカキを入れ、その上に2の大根をのせ、鍋にさっと入れて火を通した三つ葉を添え、最後に3の熱い吸い地（吸い物のだし）を入れ、白髪ねぎをのせる。

汁物

きのこのうま味がたっぷり！

きのこのミネストローネ

Voice

セロリのクセもきのこの
甘さに包まれ、子ども
でも食べられます。

材料（4〜5人分）

しめじ…1パック（120g）
しいたけ…3枚
エリンギ…1本（50g）
玉ねぎ…1/2個（100g）
セロリ…10㎝（40g）
にんにく…1かけ
水…4カップ（800cc）
固形ブイヨン…1個
ローリエ…1枚
塩…小さじ1

オリーブオイル
こしょう
パルメザンチーズ
パセル（みじん切り）
　　…全て適量

作り方

1. きのこ類は石づきを取って、小房に分けて1㎝のざく切りにする。玉ねぎ、セロリは1㎝角切りにし、にんにくは薄切りにする。

2. 鍋にオリーブオイルとにんにくを入れ、弱火で炒める

3. にんにくの香りがしてきたら玉ねぎとセロリを加えてしんなりするまで中火で4〜5分じっくり炒める。

4. 3に水と1のきのこ類、ブイヨン、ローリエを加えて煮立たせる。沸騰してきたらアクを取り、中火で7〜8分煮る。

5. 塩、こしょうで味をととのえる。器に盛ってパルメザンチーズ、パセリのみじん切りを散らす。

白玉がお吸い物に。食べごたえあり！

白玉のみぞれ汁

Voice

特別感があるのに、だし水があればすぐできます。

材料（4人分）

白玉粉…40g

水…40cc

なめこ…1/2袋（50g）

大根…1/4本（300g）

三つ葉…8本

柚子…適量

だし水…3カップ（600cc）

調味料

　塩…小さじ1/4

　薄口しょうゆ…大さじ1

　みりん…小さじ2

作り方

1. ボウルに白玉粉を入れて水を加え、滑らかになるまでこね、4等分にして丸める。大根はおろす。

2. 沸騰した湯に1を入れ、浮き上がるまで3〜4分煮る。

3. 鍋にだし水と調味料を入れ、なめこを入れて火を通す。水切りした大根おろしを入れて中火にし、白玉だんごを加えて温める。

4. 結び三つ葉を作る。三つ葉を熱湯にサッとくぐらせ、冷水につけて冷まし、茎の部分を軽く半分に折ってひと結びする。

5. 3に結び三つ葉を加えて火を止める。器に盛り、細切りにした柚子を添える。

冷めにくいので、寒い日にどうぞ
とろりけんちん汁

Voice

しみじみ
「おいしい」と感じる
逸品です。

材料(4人分)

鶏もも肉…160g
　塩…少々
　片栗粉…適量
白菜…2枚(200g)
里いも…中2個(120g)
にんじん…1/2本(100g)
しいたけ…2枚
長ねぎ…1/2本(50g)
だし水…4カップ(800cc)

調味料
　塩…小さじ1強
　しょうゆ・酒
　　　…各大さじ1
しょうが(すりおろす)
　　　…1かけ分
絹さや…4〜5枚

作り方

1. 鶏肉は一口大にそぎ切りにし、塩少々をふって下味をつける。

2. 白菜、しいたけはそぎ切り、里いも、にんじんは半月切り、長ねぎは斜め切りにする。

3. だし水ににんじんを入れてしばらく煮てから、里いも、白菜、しいたけを加えて柔らかくなるまで煮る。

4. 3に調味料を入れ、、1に片栗粉をまぶして加え、火を通す。

5. 器に盛り、おろししょうがをのせ、細切りにした絹さやを添える。

酢が入った、さっぱりスープです

酸辣湯(サンラータン)

汁
物

Voice

やさしい味にほっこり。
ささ身を細かく切ると
よりおいしい!

材料(4人分)

鶏ささ身…1本(50g)
たけのこ…40g
きくらげ…4g
にら…1/5束(20g)
スープ
　水…3カップ(600cc)
　中華スープの素・酒・酢
　　　…各大さじ1

調味料
　塩…小さじ1/3
　こしょう…少々
水溶き片栗粉
　片栗粉・水…各大さじ1
卵…1個

作り方

1. 鶏ささ身はそぎ切りにして、さらに細く切る。たけのこ、きくらげも細切りにする。

2. 鍋にスープの材料を入れて温め、ささみ、たけのこ、きくらげを入れて中火で約5分煮る。

3. 途中でアクを取り、調味料を加えて火を通し、煮立ったら水溶き片栗粉を入れてとろみをつける。

4. 刻んだにらを加え、すぐに割りほぐした卵を回し入れ、卵が浮き上がってきたら火を止める。

干したきのこのうまみが凝縮

干しきのこのみそ汁

Point

干し野菜にも
ぜひ挑戦して
みてください。

材料(4人分)

干しきのこ
(しいたけ、しめじ、ひらたけ)…40g
だし水…4カップ(800cc)
みそ…大さじ2
三つ葉…1/3束(30g)

作り方

1. きのこ類は石づきを取り、小房に分けてザルに広げ、
   2〜3日干す。
2. 干したきのこは食べやすい大きさにハサミで切る。
3. 鍋にだし水ときのこを入れ、火を通す。
4. みそを入れて味をととのえ、三つ葉を加えて火を止める。

野菜を細く切るのがおいしさのコツ
沢煮椀

材料(4人分)

ごぼう…1/3本(60g)
にんじん…1/4本(50g)
たけのこ…40g
糸こんにゃく…40g
しいたけ…2枚
三つ葉…1/2束(45g)
だし水…3カップ(600cc)
塩…小さじ1/2
しょうゆ…小さじ1

Voice

美しさとおいしさに、
食卓に感動が
広がりました。

作り方

1. ごぼう、にんじん、たけのこは細めのせん切りにする。糸こんにゃくは食べやすい長さに切り、下ゆでする。しいたけは細切りにする。

2. だし水を火にかけ、ごぼうを入れてしばらく煮る。にんじん、たけのこ、糸こんにゃく、しいたけを入れて煮る。

3. 野菜が柔らかくなったら塩、しょうゆで調味し、3cmほどに切った三つ葉を散らす。

体が温まります。冬の一品にどうぞ
かす汁

材料(4人分)

大根…1/10本(120g)
にんじん…1/4本(50g)
油揚げ…1枚
ごぼう…1/4本(45g)

長ねぎ…1/2本(50g)
小ねぎ…2本
だし水
　…3カップ(600cc)
みそ…大さじ1½
酒かす…12g

Voice

会食のときの
締めに、
よく作ります。

作り方

1. 大根、にんじんはいちょう切り、油揚げは油抜きをし、短冊に切る。ごぼうはささがきにし、小ねぎは小口切りにする。酒かすを水(分量外)で溶き、柔らかくしておく。

2. 鍋にだし水と大根、にんじん、ごぼうを入れて煮る。野菜が煮えたら油揚げ、長ねぎを入れる。

3. 2に溶いた酒かすとみそを入れてひと煮立ちさせたら、小口切りにした小ねぎを散らす。

汁物

さつまいもの甘みで子どもにも好評
さつま汁

材料（4人分）

大根…1/6本（200g）
にんじん…1/4本（50g）
ごぼう…1/3（60g）
こんにゃく…50g
さつまいも…1/4本（75g）
長ねぎ…1/2本（50g）
だし水…4カップ（800cc）
みそ…大さじ2

Voice

食べるお汁。
忙しい朝は
これだけで
満腹です。

作り方

1. 大根はいちょう切り、にんじんは半月切り、ごぼうは縦半分にして斜め薄切り、こんにゃくは細切り、さつまいもは1cmの半月切りにし、水に放す。長ねぎは斜め切りにする。

2. 鍋にだし水を入れ、さつまいもと長ねぎ以外の材料を入れて10分ほど煮る。

3. さつまいもを加え、材料が柔らかくなるまで煮る。

4. 長ねぎを加え、みそを溶き入れて器に盛る。

豆腐を薄く切って入れると別の味わいに
かんたんきのこの
お吸い物

材料（4人分）

しいたけ…2枚
しめじ…60g
えのきだけ
　　…1/2袋（50g）
しらたき…40g
白菜…1枚（100g）

豆腐…1/4丁（75g）
長ねぎ…2/3本（60g）
だし水
　　…4カップ（800cc）
塩…小さじ1弱
酒…大さじ2
しょうゆ…小さじ2

Voice

上品なおいしさが
体に染み入ります。

作り方

1. しいたけは細切り、しめじは小房に分け、えのきだけは根元を切り落とし、ほぐして半分に切る。

2. しらたきは下ゆでして食べやすい長さに切り、白菜は細切り、長ねぎは斜め切りにする。

3. 鍋にだし水と塩、酒を入れて一度沸騰させ、きのこ類としらたきを入れる。

4. 白菜を入れて火が通ったら長ねぎを加える。豆腐を手の上で薄く切りながら鍋に入れ、しょうゆで味をととのえる。

デザート

シンプルな食材と料理法で、食材のおいしさを最大限に生かしたスイーツ。体にやさしく、食事の最後に味わうと思わず笑顔になる、ほっこりとした気持ちを運ぶデザートを紹介します。

杉ノ原スキー場（妙高市）

白玉粉にもつぶしたいちごを入れて

いちご白玉

Voice

手づくりのおいしさを
このデザートで
知りました。

材料（３～４人分）

いちご（飾り用）…４～５粒
いちご…３～４粒（50g）
ゆであずき…大さじ３～４
白玉粉…100g

作り方

1. 飾り用のいちごは細長い乱切りにする。
2. 残りのいちごは半分に切り、ボウルに入れてフォークで細かくつぶす。水を加えて1/2カップにする。
3. ボウルに白玉粉と２を入れてよく練る。粉っぽさがなくなったら直径２㎝ほどに丸める。20個くらいできる。
4. 鍋に湯を沸かし、３を入れる。中火にして白玉が静かにゆれるくらいの火加減でゆで、浮いてきてから１分ほどゆでて冷水にとって冷まし、水気を切る。
5. 器に４を盛り、ゆであずきをのせ、１のいちごを飾る。

水と抹茶の代わりにほうじ茶でもおいしいです

かんたんわらび餅

Voice

激うま！カンタン！
混ぜ時間は
10分前後。

材料（4人分）
片栗粉…60g
水…2½カップ（500cc）
抹茶…小さじ2
砂糖…大さじ4½（40g）
きなこ・黒蜜…適量

作り方

1. ボウルに片栗粉と水、抹茶、砂糖を入れてよく混ぜ合わせる。

2. 1を鍋に入れて中火にかけ（写真a）、絶えず混ぜながら火を通す（写真b）。ひとかたまりになってもまだしばらく混ぜ（写真c）、重たくなってきたら火を止め型に入れて冷やす。

3. 人数分に分け、きなこと黒蜜をかける。

パインを入れてきれいな色に

フルーツきんとん

材料（4人分）

さつまいも…2本（600g）

砂糖…大さじ2〜3

パインの缶詰…2切

パイン缶の汁…大さじ1〜2

チョコチップ…4粒

南天の葉…4枚

作り方

1. さつまいもは2〜3cmの輪切りにし、皮を厚めにむいて水にさらしておく。

2. パインは5mmの角切りにする。

3. 1の水を切り、さつまいもと水を鍋に入れて柔らかくなるまでゆで、湯を捨て、つぶしながら水分をとばす。

4. 3に砂糖とパイン缶の汁、2を加えて中火にかけて練る。

5. ラップを広げ4を4等分してのせ茶巾しぼりにし、器に盛る。チョコチップと南天の葉を添える。

まるでレストランのデザート！

ヨーグルトのフロマージュブラン

Point

ヨーグルトの水セツりを
しっかりすると
本格的な味に。

材料(4人分)

プレーンヨーグルト…１パック(400ml)
生クリーム…1/2カップ(100cc)
砂糖…大さじ２
ル レクチエ(西洋梨)…1/2個
　※白桃の缶詰でも可
飾り用
　ラズベリー…適量
　ミント…適量

作り方

1. ザルにクッキングペーパーを敷いた上にヨーグルトを入れて、１時間ほど水気を切る。

2. 生クリームは８分立てにホイップする。

3. １をボウルに移して生クリームを入れて混ぜ、砂糖を加える。

4. ル レクチエは５㎜角に切り、グラスに入れて冷やす。

5. 4の上に3をのせ、ラズベリーを飾り、ミントを添える。

デザート

カラメルソースがおいしさの決め手です

キャラメルミルクかん

Point

粉寒天は
火にかける前に
入れましょう。

材料(作りやすい分量)

カラメルソース

| グラニュー糖…100g
| 水…大さじ2

牛乳…1½カップ(300cc)

グラニュー糖…30g

粉寒天…4g

生クリーム…100cc

作り方

1. カラメルソースを作る。鍋にグラニュー糖と水を入れて中火にかけ、キャラメル色に焦げてきたら、火を止め、水100cc(分量外)を加えて混ぜ合わせる。

2. 別の鍋に牛乳とグラニュー糖、粉寒天を入れて火にかけ、沸騰したらすぐ弱火にし、3分ほど煮る。

3. 2に1と生クリームを加えて全体を混ぜ合わせ、ザルでこしながら型に流し入れる。

4. 冷蔵庫で冷やし、人数分に切り分ける。

食後にさっぱりとしておいしい水ゼリー
ドリンクゼリー

材料（4人分）

水…1⅗カップ（360cc）

粉ゼラチン…1袋（4g）

黒蜜

　| 黒砂糖…60g

　| 砂糖…40g

　| 水…3/4カップ（150cc）

　| しょうゆ…小さじ1/5（適宜）

きな粉…適宜

Voice

見た目の美しさと
やさしい口当たりに
大満足！

作り方

1. ゼラチンは大さじ1の水（分量外）をふり入れてふやかしておく。

2. 水を温め、ゼラチンを入れてとかし、氷水に当てながら冷やし、とろみがついてきたら器に流し入れて冷やし固める。

3. 黒蜜を作る。鍋に黒砂糖と砂糖、水を入れてよく混ぜ合わせる。弱火にかけゆっくり煮詰め、途中でアクを取りながらとろりとさせる。好みでしょうゆを加える。

4. 2に3をかけ、好みできな粉をかける。

手づくりおやつで栄養満点です
かぼちゃ餅

材料（4人分）

かぼちゃ…1/4個（400g）

砂糖…大さじ2

片栗粉…大さじ4

炒め油…適量

みたらしあん

　| しょうゆ・砂糖
　| 　…各大さじ1
　| 水…1/2カップ（100cc）
　| 片栗粉…小さじ2

Voice

みたらしあんまで
取り合いになるほど、
わが家では
絶賛です。

作り方

1. かぼちゃは皮をむき、一口大に切る。

2. 鍋にかぼちゃを入れ、ひたひたの水で煮て柔らかくなったら鍋のまま水気を切り、砂糖を入れて片栗粉を加え、よく混ぜ合わせる。

3. 木べらでかき回しながら火を通し、ひとかたまりになったら人数分に分け、小判型に丸める。フライパンに油を熱し、焼き色をつける。

4. みたらしあんの材料を鍋に入れ、中火でゆっくり火を通し、好みのとろみをつける。

5. 3を器に盛り、みたらしあんをかける。

デザート

おからがおやつに変身！
おから団子

材料(4人分)

おから…150g	黒ごま…適量
米粉・砂糖…各50g	揚げ油…適量
卵…1個	
スキムミルク…20g	
豆乳…大さじ2	

作り方

1. 黒ごま以外の材料を全てボウルに入れてよく混ぜる。
2. 小さく団子に丸め、黒ごまをまぶして中温(約170℃)の油で揚げる。

Voice

子どもが牛乳と
一緒に食べてます。
ごまなしでもOK。

温かいミカンジュースがやみつきに
とろりんホットみかん

材料(4人分)

ミカンジュース…1½カップ(300cc)
片栗粉・水…各大さじ2
はちみつ…大さじ1
しょうが(すりおろす)…小さじ1

作り方

1. 鍋にミカンジュースを入れて温める。
2. 片栗粉と水を合わせて水とき片栗粉を作って加え、とろみがつくまで混ぜながら火を通し、はちみつを加える。
3. 器に入れ、好みでしょうがをのせていただく。

Voice

3分でできるデザート。
夏はサッパリ、
冬はほっこり！

毎日の家庭食に役立つ

おすすめ献立表

主菜＋副菜や副々菜＋主食＋汁物。おいしく食べるには、献立も
重要な要素です。掲載したレシピを組み合わせた、栄養バランス
満点の理想の献立例を紹介します。

夏井・田植え（新潟市西蒲区）

肉がメインの献立

 主　菜　煮込みハンバーグ　〜パッククッキング〜（P 8 ）　　　汁　物　　干しきのこのみそ汁（P74）

　　副　菜　ミモザサラダ（P30）　　　　　　　　　　　　　　　　　主　食　　ご飯

その他組合せ例

	主　菜
	副　菜
	副々菜
	主　食
	汁　物

鶏肉とカシューナッツの炒め物（P18）　　　　酸辣湯（サンラータン）（P73）

にらとみょうがのおろし酢和え（P50）　　　　ご飯

しゃきしゃきつくねのあんかけ（P17）　　　　さつま汁（P76）

わかめとピーマンの炒め物（P48）　　　　　　ご飯

酢豚（P14）　　　　　　　　　　　　　　　　ゴーヤと玉ねぎの甘酢漬け（P50）

ひじきの五目煮（P38）　　　　　　　　　　　ご飯

魚がメインの献立

主　菜　焼き魚の野菜ぽん酢(P20)　　　汁　物　白玉のみぞれ汁(P71)

副　菜　べた煮(P39)　　　　　　　　主　食　ご飯

その他
組合せ例

カレイの煮つけ(P15)　　　　柚子大根(P46)

のっぺ(P37)　　　　　　　　黒豆ご飯(P61)

鯵のねぎソース(P23)　　　　干しきのこのみそ汁(P74)

五目豆(P36)　　　　　　　　ご飯

鰯のかば焼き丼(P59)　　　　沢煮椀(P75)

高野豆腐とヒスイなすの煮物(P31)

乾物や豆製品がメインの献立

| 主　菜 | 車麩のフライ（P22） | 汁　物 | とろりけんちん汁（P72） |
| 副　菜 | 冬菜のサラダ（P34） | 主　食 | ご飯 |

その他組合せ例

	主　菜
	副　菜
	副々菜
	主　食
	汁　物

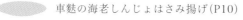

車麩の海老しんじょはさみ揚げ（P10）　　かす汁（P75）
ブロッコリーと大根のごま酢（P37）　　ご飯

大豆のコロッケ（P16）　　キャベツとジャコのおひたし（P51）
ほうれん草とぜんまいの和え物（P34）　　ご飯

納豆丼（P58）　　きゅうりとこんにゃくの梅肉和え（P47）
筑前煮（P33）　　干しきのこのみそ汁（P74）

ちょっと特別な日の献立

 主 菜　サンマの変わりパン粉包み焼き（P12）

副 菜　冬野菜のホットサラダ（P38）

汁 物　きのこのミネストローネ（P70）

主 食　ガーリック・バターライス（P60）

**その他
組合せ例**

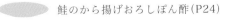　　　　　　　海老団子のパン揚げ（P21）　　　　　　　　とろりけんちん汁（P72）

　　　　　　　高野豆腐の卵とじ（P36）　　　　　　　　ご飯

　　　洋風ちらしずし（P56）　　　　　　　　カキのお吸い物（P68）

　　　　　　　かんたん白和え（P28）

　　　　　　　鮭のから揚げおろしぽん酢（P24）　　　　かんたんきのこのお吸い物（P76）

　　　　　　　祭りの煮物（P26）　　　　　　　　ご飯

五十音順さくいん

主 菜　　　　副 菜　　　　副々菜　　　　主 食　　　供 ご飯のお供　　　　汁 物　　　　デザート

あ

青菜のふりかけ	63	供
鯵のねぎソース	23	
いちご白玉	78	
いり豆腐	32	
鰯のかば焼き丼	59	
鰯のソテーレモンバターソース	24	
海老団子のパン揚げ	21	
おから団子	86	
おくらとみょうがの柚子こしょう和え	44	

か

ガーリック・バターライス	60	
カキのお吸い物	68	
かす汁	75	
かつお節の佃煮	63	供
かぼちゃ餅	85	
カレイの煮つけ	15	
かんたんきのこのお吸い物	76	
かんたん白和え	28	
かんたんわらび餅	80	
きのこのミネストローネ	70	
キャベツとじゃこのおひたし	51	
キャラメルミルクかん	84	
きゅうりとこんにゃくの梅肉和え	47	
きゅうりの佃煮	62	供
切り干し大根の即席はりはり漬け	48	
車麩の海老しんじょはさみ揚げ	10	
車麩の八方煮　～パッククッキング～	39	
車麩のフライ	22	
黒豆ご飯	61	
高野豆腐とヒスイなすの煮物	31	
高野豆腐の卵とじ	36	
ゴーヤと玉ねぎの甘酢漬け	50	
五目豆	36	

さ

鮭のから揚げおろしぽん酢	24	
さつま汁	76	
沢煮椀	75	
サンマの変わりパン粉包み焼き	12	
酸辣湯(サンラータン)	73	
しゃきしゃきつくねのあんかけ	17	
白玉のみぞれ汁	71	
酢豚	14	

た

大根のごま揚げ	51	
大豆のコロッケ	16	
筑前煮	33	
冬菜のサラダ	34	
鶏肉とカシューナッツの炒め物	18	
ドリンクゼリー	85	
とろりけんちん汁	72	
とろりんホットみかん	86	

な

納豆丼	58	
煮込みハンバーグ　～パッククッキング～	8	
にらとみょうがのおろし酢和え	50	
のっぺ	37	

は

ひじきの五目煮	38	
冬野菜のホットサラダ	38	
フルーツきんとん	82	
ブロッコリーと大根のごま酢	37	
べた煮	39	
ほうれん草とぜんまいの和え物	34	
干しきのこのみそ汁	74	

ま

祭りの煮物	26	
ミモザサラダ	30	

や

焼き魚の野菜ぽん酢	20	
柚子大根	46	
洋風ちらしずし	56	
ヨーグルトのフロマージュブラン	83	

わ

わかめとピーマンの炒め物	48	

食材別さくいん

主菜　　副菜　　副々菜　　主食　供 ご飯のお供　　汁物　　デザート

肉類
●豚肉
煮込みハンバーグ　〜パッククッキング〜 ── 8
酢豚 ── 14
●鶏肉
しゃきしゃきつくねのあんかけ ── 17
鶏肉とカシューナッツの炒め物 ── 18
筑前煮 ── 33
酸辣湯（サンラータン） ── 73

魚介・海藻類
●鯵
鯵のねぎソース ── 23
●鰯
鰯のソテーレモンバターソース ── 24
鰯のかば焼き丼 ── 59
●海老
車麩の海老しんじょさみ揚げ ── 10
海老団子のパン揚げ ── 21
●カキ
カキのお吸い物 ── 68
●カレイ
カレイの煮つけ ── 15
●鮭
焼き魚の野菜ぽん酢 ── 20
鮭のから揚げおろしぽん酢 ── 24
●サンマ
サンマの変わりパン粉包み焼き ── 12
●ちりめんじゃこ
キャベツとじゃこのおひたし ── 51
●わかめ
わかめとピーマンの炒め物 ── 48

豆類・乾物
●かつお節
かつお節の佃煮 ── 63
●切り干し大根
切り干し大根の即席はりはり漬け ── 48
●車麩
車麩の海老しんじょさみ揚げ ── 10
車麩のフライ ── 22
祭りの煮物 ── 26
車麩の八方煮　〜パッククッキング〜 ── 39
●黒豆
黒豆ご飯 ── 61
●高野豆腐
高野豆腐とヒスイなすの煮物 ── 31
高野豆腐の卵とじ ── 36
●大豆
大豆のコロッケ ── 16
五目豆 ── 36
納豆丼 ── 58
●豆腐・厚揚げ
しゃきしゃきつくねのあんかけ ── 17
かんたん白和え ── 28
いり豆腐 ── 32
おから団子 ── 86

●ひじき
ひじきの五目煮 ── 38

卵
ミモザサラダ ── 30

野菜
●青菜
冬菜のサラダ ── 34
冬野菜のホットサラダ ── 38
青菜のふりかけ ── 63
●えのきだけ
しゃきしゃきつくねのあんかけ ── 17
●おくら
おくらとみょうがの柚子こしょう和え ── 44
●かぼちゃ
かぼちゃ餅 ── 85
●きのこ類
きのこのミネストローネ ── 70
干しきのこのみそ汁 ── 74
かんたんきのこのお吸い物 ── 76
●キャベツ
キャベツとじゃこのおひたし ── 51
●きゅうり
きゅうりとこんにゃくの梅肉和え ── 47
きゅうりの佃煮 ── 62
●ゴーヤ
ゴーヤと玉ねぎの甘酢漬け ── 50
●ごぼう
カレイの煮つけ ── 15
べた煮 ── 39
沢煮椀 ── 75
●こんにゃく
筑前煮 ── 33
きゅうりとこんにゃくの梅肉和え ── 47
●里いも
筑前煮 ── 33
のっぺ ── 37
べた煮 ── 39
里いものけんちん汁 ── 72
●さつまいも
さつま汁 ── 76
フルーツきんとん ── 82
●山菜
祭りの煮物 ── 26
ほうれん草とぜんまいの和え物 ── 34
●じゃがいも
大豆のコロッケ ── 16
●セロリ
きのこのミネストローネ ── 70
●大根
鮭のから揚げおろしぽん酢 ── 24
ブロッコリーと大根のごま酢 ── 37
柚子大根 ── 46
大根のごま揚げ ── 51
かす汁 ── 75

●たけのこ
酢豚 ── 14
祭りの煮物 ── 26
●玉ねぎ
酢豚 ── 14
●長ねぎ
鯵のねぎソース ── 23
●なす
高野豆腐とヒスイなすの煮物 ── 31
●にら
にらとみょうがのおろし酢和え ── 50
酸辣湯（サンラータン） ── 73
●にんじん
酢豚 ── 14
べた煮 ── 39
沢煮椀 ── 75
●パプリカ
鶏肉とカシューナッツの炒め物 ── 18
●ピーマン
わかめとピーマンの炒め物 ── 48
●ブロッコリー
ブロッコリーと大根のごま酢 ── 37
●ほうれん草
ほうれん草とぜんまいの和え物 ── 34
●みょうが
おくらとみょうがの柚子こしょう和え ── 44
にらとみょうがのおろし酢和え ── 50
●レタス
ミモザサラダ ── 30
●レンコン
海老団子のパン揚げ ── 21
祭りの煮物 ── 26

果物・ナッツ・ジュース
●いちご
いちご白玉 ── 78
●カシューナッツ
鶏肉とカシューナッツの炒め物 ── 18
●みかんジュース
とろりんホットみかん ── 86

米・粉・乳製品
●米
洋風ちらしずし ── 56
納豆丼 ── 58
鰯のかば焼き丼 ── 59
ガーリック・バターライス ── 60
黒豆ご飯 ── 61
●白玉粉
白玉のみぞれ汁 ── 71
いちご白玉 ── 78
●片栗粉
かんたんわらび餅 ── 80
●ヨーグルト
ヨーグルトのフロマージュブラン ── 83
●牛乳
キャラメルミルクかん ── 84

おわりに

笑顔で「おいしいね」と言い合える、
そのかけがえのないシーンのために、外山先生はこの本を出版されました。

作り手の「相手を大切に思う気持ち」に寄り添うように、
そして極力「作り手の負担のない手法」で考案されたレシピです。

急がばまわれ！ 3つの鉄則
１.だし水
２.計測
３.切り方をそろえて

一見めんどうに感じるこのひと手間が、時短やおいしさの秘訣です。

教室で家庭食のいろはを教えていただくうちに、今まで抱えていた食事作りの悩みや罪悪感は
羽根をつけて飛んで行ってしまいました。
私たちもそうだったように、この本はきっと多くの方々の助けになると思います。
みなさまの毎日の食事作りに、ぜひご活用下さい。

2023年初夏
MSG〈みんな幸せグループ〉一同

扉絵の紹介

主　菜

守門川から粟ヶ岳を望む(三条市)
2008.8.24

副　菜

松代カールベンクス邸(十日町市)
2008.8.31

副々菜

しもつけ No.1(三条市)
2007.7.19

主食＋ご飯のお供

夏井・秋 II (新潟市西蒲区)
2009.1.16

汁　物

蝶と風景
2007.7.30

デザート

杉ノ原スキー場(妙高市)
2008.2.15

おすすめ献立表

夏井・田植え(新潟市西蒲区)
2008.7.17

作者

外山　孚 とやま まこと

外山迪子さんの夫。日赤病院退職後、もともと
の趣味であったパステル画を本格的に始め、
特に風景画を好んで描いた。令和元年他界。
扉の絵画は旅行先で描いた、迪子さんにとっ
て思い出深い作品です。

外山 迪子
Michiko Toyama

新潟県三条市出身、在住。新潟県食生活改善推進委員協議会、通称「ヘルスメイト」として38年間、県や三条市の食育活動に関わる。近年では主宰する料理教室「MSG（みんな幸せグループ）」や地域高齢者への食事提供「わかくさ会」、子ども食堂「お結びキッチン」の活動を通して、食の大切さや本当のおいしさ、料理をすることの楽しさを伝えている。郷土料理スペシャリスト（一般社団法人日本食生活協会認定）。2014（平成26）年に栄養関係功労者厚生労働大臣表彰、2019（令和元）年に旭日双光章受章。全国・新潟県食生活改善推進委員協議会会長、結核予防婦人団体連絡協議会新潟県支部代表などを務める。

38年、食の現場を見つめて
家庭食 いのち輝く 応援レシピ
外山迪子

2023年5月15日発行

レシピ	外山迪子
扉絵	外山 孚
デザイン	吉田恵子
撮影	高橋信幸、Studio Activist（扉絵）
製作協力	永桶康子、長谷川 直、三条市食生活改善推進委員協議会
調理アシスタント	MSG
	小浦方美恵子、小山 恒、坂井宏子、高橋ふじこ、鶴巻 翠
	永桶康子、西山てるみ、羽生裕恵、羽生由里子、三留綾子

（五十音順）

編集協力	松永春香
編集・文	髙橋真理子（ニール）

発行	株式会社ニール
	新潟市西区新中浜6-3-11
	TEL.025-261-7280
印刷	株式会社ジョーメイ

©ニール2023　Printed in Japan
ISBN978-4-909159-36-6